图书馆文化建设研究

杨敏 著

郑州大学出版社

图书在版编目(CIP)数据

图书馆文化建设研究／杨敏著 . — 郑州：郑州大学出版社，
2022.12(2024.6 重印)
ISBN 978-7-5645-8974-5

Ⅰ.①图… Ⅱ.①杨… Ⅲ.①图书馆文化－建设－研究
Ⅳ.①G251

中国版本图书馆 CIP 数据核字(2022)第 144136 号

图书馆文化建设研究
TUSHUGUAN WENHUA JIANSHE YANJIU

策划编辑	吴 昊	封面设计	苏永生
责任编辑	胥丽光　刘瑞敏	版式设计	凌 青
责任校对	吴 静	责任监制	李瑞卿

出版发行	郑州大学出版社	地 址	郑州市大学路 40 号(450052)
出 版 人	孙保营	网 址	http://www.zzup.cn
经 销	全国新华书店	发行电话	0371-66966070
印 刷	廊坊市印艺阁数字科技有限公司		
开 本	710 mm×1 010 mm　1 / 16		
印 张	14	字 数	216 千字
版 次	2022 年 12 月第 1 版	印 次	2024 年 6 月第 2 次印刷

书 号	ISBN 978-7-5645-8974-5	定 价	68.00 元

　　随着现代社会的快速发展,文化在科学技术和社会经济中的作用日益突出,成为综合国力竞争的主要部分。文化建设也逐渐成为促进国家发展的必要动力。文化的传承离不开教育,教育不仅肩负着传承社会意志、弘扬国家文化的责任,而且肩负着培养和塑造人才的使命,这其中除了学校常规教学之外,图书馆也起到较为重要的作用。面对公众,一方面图书馆为教学科研项目提供文化支撑;另一方面为公众提供各类知识、传承传统文化和融合现代文化等服务。因而图书馆被视为社会与教育的桥梁,这说明图书馆文化实际上是我们文化事业不可或缺的一部分。图书馆文化的建设和发展不仅是国家综合实力的体现,也是教育实力的一部分。因此,建设优秀的图书馆文化,不仅是增强图书馆综合竞争力和现代化可持续发展的助力,也是推动社会发展进步的重要途径。

　　图书馆作为国家文化存储与传播之地,其文化建设是必需的。本书主要论述图书馆文化建设的各方面有效措施。首先,本书的导论简单分析了包括文化的内涵、功能、特点以及图书馆文化概述等内容,其中值得注意的是本书的研究背景、国内外有关研究现状以及研究所实现的现实意义等内容。虽然我国经济发展水平随着社会科技的发展逐渐提升,促使图书馆中基础设施配置完备,既符合用户需求,又展现了经济实力,但是,同样也使非物质因素欠缺的问题暴露在人们的眼前。因此,在这些非物质因素的基础上,契合文化建设的相关方式,延伸得出关于图书馆文化的深层含义以及图书馆文化建设的必要性。其次,利用社会学、组织行为学等学科中与图书馆文化建设相关的理论知识来进行分析并得出一些结论,主要包括图书馆文化建设的物质文化、制度文化和精神文化等三方面的建设,以及关于精神文化建设和制度文化建设中四个重要的保障机制。我们再从儒家思想的视角出发,与儒家"以人为本""以政为德"等思想相结合建设图书馆文化。其中重点表明,"以人为本"理念的重要性,这是满足读者需求和提升图书馆实力的重要措施之一。而关于图书馆整体形象和图书馆精神的塑造,则指出从环境、资源、制度以及人员素质等方面来进行。再次,简要分析了项目管理与图书馆文化建设的关系,并阐述了如何具体实施图书馆项目管理,并提出一些建议。最后,在上述研究的基础上,分析构建了图书馆文化建设评价指标体系,提出了图书馆文化建设评价指标体系的优化策略,以确保图书馆文化建设的系统性、科学性和可持续性。

由于编者能力有限,书中难免有疏漏和不尽完善之处,敬请读者批评指正。

目录

第一章

导　论

第一节　图书馆文化建设研究的背景与意义

　　长期以来,文化一直是一个民族和国家生存和发展的重要基础,而中华文明之所以能传承至今,主要是因为它深厚的文化底蕴。它既是历史文明成果的集中和提炼,也是后人认识和改造客观世界的工具和手段;既是推动人类社会发展进步的内在动力,也是人类社会在精神领域的发展进步。

一、研究背景

　　当物质财富丰富时,人们的注意力自然会转向精神财富。只有二者相互发展,历史的车轮才能向前滚动。从古至今,图书馆事业的发展几乎一直重点关注物质条件的改善,即从如何收藏更多的图书,到如何更好地保护图书,再到如何建设图书收藏场馆等,最终发展成为数字化图书馆。然而,科技知识和思想文化是两个不同的概念,图书馆也是如此。虽然我们现在有场地、书籍,但仍然缺乏支持图书馆事业发展的图书馆文化。现代社会的物质条件已经允许,或者说也应该允许图书馆发展的重心转移到精神文化方面。目前,需要一种文化理念来指导图书馆事业的未来发展。这种理念在产生并融入图书馆事业建设的过程中,即图书馆文化建设的过程中,可以为图书馆事业的发展提供内在的精神动力和支撑。通过图书馆文化建设,我们可以将图书馆的实践工作提升到理论层面,然后通过对理论的科学分析,提出合理指导实践的方案,这是图书馆文化建设的意义和价值所在。

(一)对社会的作用

作为社会组织的组成部分,图书馆受传统文化和社会文化的影响,表明图书馆文化建设应遵循图书馆建设的初衷。一方面,书籍是人类文明的积淀和智慧的结晶,因而藏书量大的图书馆承担着文化传承和传播的责任;另一方面,图书馆作为一种文化,在其发展过程中所形成的价值观念,对图书馆工作进行了潜移默化的引导和规范。因此,只有正确认识图书馆文化,自觉加强图书馆文化建设,才能从建设先进文化的角度更好地认识和对待图书馆工作,有效促进图书馆事业的发展。这表明当人们在为了阅读方便而产生共同藏书的思想时,图书馆事业就产生了。总的来说,藏书的目的造就了图书馆,而阅读的便利造就了图书馆文化。然而,最初的图书馆建设只把藏书放在一起,忽略了如何让读者更好地享受阅读的乐趣,这表明图书馆文化建设的目的是弥补图书馆发展过程中不可忽视的问题。随着信息技术的不断发展,不管是电脑还是手机,只要我们有互联网,大部分的书就可以免费或以很低的成本阅读。因此,读者不仅需要图书馆提供不同于电子书的纸质图书,更需要图书馆为读者提供更舒适的阅读环境。但这种需求并不是简单的桌椅所能满足的,而取决于图书馆文化基础上独特的环境氛围。一个没有文化氛围的图书馆迟早会被时代淘汰。

(二)对教育的作用

教育坚持对国家和社会负责的宗旨,承担着培养和造就人才的使命,体现社会意志并服务于社会。高校作为高等教育机构,是先进文化的孵化器和辐射源,既能继承和培育先进文化,又能弘扬和传播先进文化。

随着大学生人数的迅速增加,原有的教学资源很难满足学生的需求,导致一些高校甚至出现教学质量和学生综合素质明显下降的现象。在这种情况下,高校必须肩负起建设先进文化、服务社会和引领社会文化进步的重要文化使命。其中,图书馆作为人类社会发展到一定历史阶段的产物,是文化服务体系的重要组成部分。它肩负着保存人类一切文化遗产和文明成果的使命和责任,开辟了人类智慧和文明传承的永久通道,使历史文化这一宝贵财富得以代代相传。

　　同时,社会和科学技术的快速发展,使得一个国家的综合实力越来越依赖高素质的人才。优秀的科技人才不仅要有扎实的专业知识,还要有深厚的人文素质、完善的人格、坚定的人文理想、积极的创新精神和无私的奉献精神,各大高校就肩负着这一历史使命。可以说,高校校园文化的培养水平和效果直接影响着优秀科技人才的综合素质水平和我国科技现代化的进程。因此,加强新时期校园文化实效性建设,也是实现我国科技兴国的保障。校园文化建设是为保证学校教育活动顺利进行而制定和形成的战略规划,具有精神净化、文化反馈、思想凝聚等社会功能。其中,形成师生共同的价值判断和价值取向是一项基础性工作。为国家培养和造就骨干人才,也是一个长远的计划。因此,建设先进的校园文化,创造优秀的校园文化,是当前我们需要研究和解决的重要问题。

　　此外,我国图书馆主要有三大建设体系,高校是其中之一。高校图书馆的主要职能是为高校师生的教学科研项目提供文献服务,既可以存储传统文化知识供师生参考,又可以丰富先进文化和促进中西文化的融合,从而达到文化进步的目的,是满足师生求知欲的重要场所。因此,在推动社会主义文化事业的发展和国家图书馆的文化建设中,高校校园文化是必不可少的。校园文化建设是高校图书馆价值体系的重要组成部分。图书馆文化与社会文化的融合促进了校园文化的发展和建设,在一定程度上提高了大学生的人文素质,反映了人们的精神文化生活,丰富了高校的文化实力,高校文化的发展也标志着社会文明的进步。实际上,文化价值是高校图书馆最核心、最关键的价值。高校图书馆作为高校文献的主要存放地和信息中心,不仅为高校师生提供了大量的文献和文化资源,而且还提供了浓厚的阅读氛围和良好的学习环境,在学校教学任务中发挥着重要的文化作用,使得它成为知识传播和文化发展的中心,为国家和民族的未来发展提供了无限的动力。因此,必须建立优秀的高校图书馆文化,强化和提升高校图书馆的教育功能,以便继承传统文化,倡导优秀文化,提高师生的文化素质,满足师生精神需求。高校图书馆文化建设作为图书馆事业的一个重点,如何发挥自身的作用,扩大文化服务和文化教育的优势,是关系到图书馆文化建设的一个严峻问题,必须引起重视。

二、研究的意义

(一)理论意义

图书馆文化作为一种特殊的衍生文化,代表着整个图书馆的核心理念。从狭义上讲,研究图书馆文化建设,就是从文化的角度为图书馆事业的发展提供新的思路,从而促进图书馆事业的发展;从广义上讲,图书馆文化研究实际上是对整个图书馆事业的理论概括,就是从宏观的角度研究整个图书馆事业。通过对图书馆文化建设的研究,可以对图书馆事业的具体项目进行分类、整理、分析和总结,进而了解整个图书馆事业的结构,为各方面的发展找到合适的理论依据,从而指导实践。

对高校来说,信息社会对教育改革和发展提出了新的要求和挑战。大学生是国家的栋梁,是国家未来的开发者和建设者。如今,学生素质教育已成为教育界关注的焦点,如何利用图书馆有效地建设校园文化已成为高校校园文化建设的重要课题。

1. 为我国文化事业的建设提供了充分的文化条件和精神动力

高校图书馆作为高校文化建设和我国文化事业的重要组成部分,在和谐文化建设中发挥着不可估量的作用。本书将从高校图书馆作为一项重要文化事业的角度探讨如何加强文化建设,以推进社会主义现代化进程。

2. 有助于人们加深对高校图书馆文化价值的认识,以及加深对高校图书馆文化价值在我国文化建设中作用的认识

这既为我国高校图书馆文化建设提供依据和参考,也为增强我国文化竞争力和提高国际竞争力提供了理论参考。

3. 为我国高校图书馆文化价值实现提供科学的思路

本书对我国高校图书馆文化价值实现的现状及其影响因素进行了深入、系统分析,梳理了高校图书馆的功能和定位,找到了高校图书馆文化价值可持续有效的发展模式,即中国高校图书馆在线信息服务系统的建设。

高校图书馆具有信息存储和传播功能,在校园文化建设中具有无可比拟的优势。高校要充分利用图书馆这一优势,积极开展校园文化建设活动,

提高大学生的综合素质,这对促进高校发展,建设高质量的校园文化具有深远的社会和现实意义。目前,高校图书馆校园文化建设在内容、方法、手段等方面存在一些问题,与理想的校园文化还有一段距离。因此,有必要结合我国国情,加强高校图书馆校园文化建设的理论和实践研究。

(二)实践意义

通过对图书馆文化各个方面的认识,总结得出图书馆文化建设实际上就是整个图书馆事业的建设。图书馆物质文化的形成是通过图书馆制度文化更好地构建图书馆精神文化,并把图书馆精神文化融入整个图书馆。随着图书馆物质文化的不断发展,图书馆的服务功能将不断拓展,更多的精神文化将融入图书馆之中,从而形成更丰富的图书馆制度文化,构建图书馆新的精神文化。具体来说,图书馆文化从三个方面为图书馆事业的发展指明了方向,即物质文化、制度文化和精神文化。目前,我国图书馆的建设大多停留在物质文化建设层面。通过对图书馆文化的研究,探讨图书馆精神文化和制度文化的意义,阐述了软件设施在整个图书馆事业发展中的重要地位和作用,特别是图书馆员的精神建设和业务素质建设,但这些建设需要向更高层次发展。图书馆文化一方面是图书馆自身的特点;另一方面是人们对图书馆各个方面的诠释,通过了解图书馆的特点和结构,自然会找到图书馆发展的途径和方法。事实上,图书馆文化的分析过程是一个从文化层面分析图书馆建设的过程,即结果概括为理念、理念转化为理论、理论转化为程序、程序转化为实践。

首先,对社会主义文化建设实践具有一定的现实指导意义。从实现我国高校图书馆文化价值的角度探讨文化建设,有助于全面审视文化价值,发挥文化价值的主导作用,倡导正确的社会文化价值取向,更好地发挥文化建设的作用,形成促进社会和谐的文化环境。

其次,对文化事业的改进和发展具有现实指导意义。高校图书馆作为我国文化事业的重要组成部分,其建设和发展应与时俱进。当前,我国大力提倡发展文化事业和文化产业,因而研究高校图书馆的文化价值,应符合时代要求,符合国家方针,对图书馆事业的发展和完善具有重要的现实意义。

最后,可以有效解决中国高校图书馆文化价值实现过程中存在的问题。

这些有效措施可以提高高校图书馆在高等教育中的作用,拓展高校图书馆的服务对象,充分增强我国高校图书馆在社会主义现代化持续稳定发展过程中的文化价值。

第二节 国内外图书馆文化研究现状

一、国外研究现状

图书馆文化包括图书馆现象,它由图书馆现象的内容和内涵组成,包括从物质形态,组织制度到精神意识的一切文化含义,并整合了图书馆的各个方面,具有自己特色的综合文化。对图书馆文化建设理论知识的分析和讨论,包括图书馆的服务和组织,这是国外研究的关键。从国外的研究和分析来看,图书馆不仅是文献和信息中心,而且是培养公众素质和能力的重要环境,其功能不仅在于自身的建设和完善,而且在于促进精神文明和继承传统文化。实际上,图书馆的服务和组织是从公司兴起的"文化风格"发展而来的,甚至图书馆的大多数概念都是根据企业文化的内涵而发展的。在20世纪80年代初期,美国图书馆管理学者首先提出了将图书馆文化作为一种新的管理哲学,并将最初的精神和文化取向逐步转变为组织文化,然后统一认识物质和精神文化的知识过程。

近年来,关于图书馆在国际图书馆界中的价值的研究变得越来越流行和深刻。1998年,Rubin(鲁宾)出版的《图书馆信息科学基金会》中的第七章提到了图书馆的使命和价值;2000年,前任ALA总裁Gorman(戈尔曼)出版了《我们永恒的价值观》;2002年,Gorman(戈尔曼)又出版了《图书馆价值观》,并就数字时代图书馆业务的核心价值和图书馆价值发表了一系列文章。同时,许多图书馆协会和图书馆已经开始发布图书馆核心价值的论文。从对图书馆价值的调查或图书馆价值的发展以及人们对图书馆价值的理解,图书馆的人文价值、技术价值、专业价值和核心价值是调查图书馆价值的重点。

目前,国外图书馆发展重心依靠的是行业内资源的整合与优化配置。通过整合发挥图书馆对公众的阅读宣传功能,注重整合内外各种力量,在结合自身资源的基础上,进行阅读服务和宣传阅读等一系列活动,并通过联盟与出版业、基金会、政府和大众传媒的广泛合作,共同营造一种社会化阅读氛围。然而,国外对图书馆的研究不是一蹴而就的,同样也经历了长时间的探索。在图书馆发展研究中,国外的研究者不但进行深入发掘,而且在研究中进行了深层次的探讨,最终大量相关学术文章刊登出来。这一研究历史可以追溯到20世纪中期至21世纪初,不仅从理论到实践都取得了优秀的发展,而且图书馆的发展历程也被学者们确立为一个新颖的研究项目,促使许多高校开始开设图书史课程。外国研究者大多认为有关图书馆的问题,既与图书馆环境、阅读能力和阅读习惯有关,又与读者自身因素有关,即关于读者阅读认知的分析和比较,尤其是阅读文本转变对读者阅读的阻碍,极大地丰富和发展了图书馆文化研究。

进入21世纪,文化全球化日趋激烈,以美国为首的许多国家的图书馆也开始关注图书馆文化建设。2006年,印度的 I. V. Malhan 在 *Library Management*《图书馆管理》上发表"Developing Corporate Culture in the Indian University Libraries"一文,其中提到高等教育部门面临着经济实力的冲击。因此,高校只有进行变革,才能保持其在相应领域的优势和竞争力。2010年,巴基斯坦巴哈瓦尔布尔高校的哈立德·马哈茂德(Khalid Mahmood)和他的同事为115名专业图书馆员设计了一份结构化问卷,调查结果显示:在领导力方面,大多数专业图书馆员认为自己拥有绝对的资源管理的权利;在图书馆员方面,大多数图书馆员高度认同组织承诺,即图书馆员更喜欢注重结果的组织文化。事实上,哈立德·马哈茂德采用的这种研究形式是研究组织文化的典型范式。

二、国内研究现状

在图书馆文化和价值研究方面,各国学者进行了一些理论研究,主要是关于图书馆文化和图书馆价值的研究。图书馆不仅是人们学习的空间,还是文化交流的空间。从图书馆文化的角度来看,图书馆的文化本质要求图书馆承担文化交流的责任。图书馆价值在于文化的传播,而传播的局限在于限制图书馆文化。因此,图书馆的文化传播价值被列为图书馆的核心价值。图书馆必须保证自由开放地获取人类知识、信息和艺术。

中国从事图书馆及其文化建设的研究已有很长时间。在 20 世纪 80 年代后期,陈耀生在《图书馆价值论初探》一书中介绍了他对图书馆价值的研究。① 由于研究的片面化且图书馆核心价值文化并没有引起公众的广泛关注,因此中国学者仅在对图书馆单方面的研究上处于分析和研究的最前沿。直到 21 世纪,图书馆的研究与开发才受到重视。其中,学者们提出的最关键、最有价值的研究是对图书馆文化价值和核心价值的研究。这些学术文章中简述了关于图书馆文化核心价值的主要矛盾:第一,核心价值的实施者是图书馆员。尽管图书馆的核心价值可以由读者或图书馆的有关人员来体现,但其实现还是取决于提供服务以满足用户需求的人员,即图书馆员。第二,图书馆服务的概念。服务作为图书馆的主要目标,是其中心价值和图书馆发展的基本条件。这表明图书馆必须始终贯彻服务的理念,并在各个方面满足读者的需求。② 第三,在图书馆获取知识的自由。知识自由是图书馆的核心价值之一,即它在自由获取知识、资源和免费服务的条件下支持知识自由。第四,图书馆主要强调免费。无论是现代图书馆还是传统图书馆,其核心价值都包括为用户提供免费的资源和文化服务。根据图书馆管理系统和服务标准,具有四项主要功能:各种资源的整合、特定需求的搜索、免费的信息传输和提供信息的咨询。

目前,一些学术文献足以表明中国在图书馆文化和价值研究方面取得了进步。但是还是需要更深入地进行发展完善。因此,需要在图书馆文化和核心价值方面进行更系统的研究和分析,以便清楚地识别其具体含义。

---

① 陈耀盛.图书馆价值论初探[J].四川图书馆学报.1989(06):34-38+50.
② 周久凤.图书馆的文化观照[J].图书馆理论与实践.2008(12):24-25.

第三节 图书馆文化概述

一、文化

(一)文化的内涵

"文化"一词源自拉丁语"cultura",意为"生长和收获的事物",即原始文化是指人类创造和处理的事物。自 19 世纪以来,国内外学者对"文化"的定义一直是多维的,具有丰富的内涵和广泛的扩展。经过历史发展,文化内涵从物质层面延伸到精神层面。例如,人们道德和能力的发展也可称为文化。迄今为止,最具影响力的定义是英国文化人类学家 E. B. 泰勒对文化作品的系统解释。在 1871 年,泰勒于《原始文化》发表论文,认为文化是一个复杂的整体,其中包括知识、艺术、道德、法律、习俗以及人类在社会中获得的所有能力和习惯。目前,我们仍然可以将人类加工创造的一切称为文化。

在中国古代书籍中,"文化"对应于"武术"。这里的"武术"并不是简单的武术,而是古代所说的"武治"。由此可见,"文化"一词的含义不仅包括物质和精神方面,还包括逐渐融合了的文化方面,并在当今我们的组织(即机构)中扮演着重要角色。可以说,对于一个组织或团体而言,制度文化的构建直接关系到整个组织或团体的发展。

由于许多学者表达了他们对文化的不同观点和看法,导致文化的定义仍处于争议状态。到目前为止,文化的科学定义必须以所有活动作为人类文化活动的存在、产生、创造和发展,以及不同层次文化形式的物化结果、制度规范和概念形式为基础。其中,政治、法律、道德、宗教、科学、技术、教育和军事发展文化体系的要素,也是人类生活世界及其本身作为一种文化存在的最优化过程。

什么是文化? 一般而言,我们生活的环境就是文化,我们每天创造和发展的也是文化。正如英国人类学家 Firth(弗斯)认为,文化是社会,什么是社会,什么就是文化。从严格意义上讲,文化也可以分为产品文化、工具文化、智能文化、规范文化和概念文化,以及企业文化、品牌文化、管理文化和图书馆文化。可以说,文化的概念虽然在漫长的历史中一直在持续发展,但它最终仍包含"人创造的一切"的本义。

(二)校园文化

1. 内涵

校园文化主要包括以下几个方面:首先,校园物质文化。校园文化的物质层具有强大的外部领域,包括学校基础设施水平、绿化、规划以及校园组织都是物质层面的所有特征。因此,人们可以通过学校的外观对学校进行初步判断。其次,校园制度文化。校园制度文化是学校通过评估选择的校园文化,融合了学校教育理念、运作理念、价值观和世界观,也是校园的隐性文化。虽然人们无法直接观察它的存在,但是我们可以在学校活动中感受到它。最后,校园的精神文化。校园的精神文化是指价值观、行为规范和历史传统等。它们在学校发展过程中自发地逐渐形成,并且所有的老师和学生都自觉地认识和接受,并可以成为学校的核心和灵魂。精神文化不仅体现在学校精神上,还体现在校园的人文精神上,即优秀学生在校园中的思想和行为习惯,对后人产生了深远的影响。

2. 特点

高校校园是许多具备文化素养人士的聚会场所,因此不仅必须具有文化内涵和良好素质的师生,而且除了具有对文化的认识外,还必须拥有独特的文化形式。这种文化促进了校园文化的发展,使其特点具备相对独立性,具体体现在特定的文化主题、环境、个体培训行为和有效保存成果的措施上。校园文化的特征不仅指整合文化的所有属性,而且指具有个性的文化。具体特征如下。

(1)前进性。众所周知,学生是学校与社会之间的桥梁,因而校园文化最明显的特点是与社会融合的便利性。这是因为高校中有许多创新且活跃的文化传播者,他们具有多种想法且充满好奇心,渴望探索未来的世界。同时,高校不仅是杰出人才的发源地、知识分子的集中地,而且是国家文化和科学实力的体现地。在历史的进程中,虽然高校的主要任务是将杰出的人才输送到社会,但更深层的责任是创新精神文化。在一定程度上,校园文化不仅促进了社会文化和经济实力的增长,而且可以影响社会的未来发展。总之,校园文化的中心价值是面向未来。

(2)开放性。尽管校园的墙壁是有形的,但思想是无形的。因此,高校的校园文化具有开放性的特点。高校校园是社会结构建设中的关键环节,其文化的形成和发展不是独立的,不仅受校园的影响,还受到其他文化现象的制约和改变。此外,校园文化是社会主导文化的重要组成部分,从主导文化演变而来,包含哲学整体与哲学部分之间的关系,因此受到社会主导文化的影响。校园文化比社会文化更具生命力,因为它继承了社会文化的本质和更深的发展,并最终回馈社会的主导文化并为其发展提供了动力。

(3)创新性。高校的使命是培养人才,这决定了高校必须时刻创新。随着社会的进步,要求高校师生必须迅速抵制各种文化思潮的影响,并找到新思想的出路。因此,校园文化的形成过程也在不断创新。尽管每所高校都有自己独立和特殊的价值观和行为准则,但是这些价值观和行为准则不是在短期内形成的,或者长期不变的,而是必须被继承并创新发展的。

(4)知识性。从社会的角度出发,结合社会建设选拔人才的要求,可以分析出现代大学生不仅必须具有优秀的专业知识,而且必须根据社会的需要拥有其他类型的知识和技能。这就要求学生使用其他渠道来提升自我,如实习、培训和其他渠道。其中,校园文化渠道是学生获得专业知识以外知识的关键途径。从校园本身的角度来看,校园文化与知识的产生和应用之间存在关联,它们之间的相互融合导致知识的转移和发展。由于"生产—学习—研究"三部曲在高校中的重要地位,因此许多学生愿意利用他们的知识、技能和创新思想为社会发展做出贡献。这也使得许多学校出台了一些政策和措施,以鼓励学生参与科学研究,并使校园文化中的科学技术发展活动更加活跃。在此基础上可以得出结论,高校校园活动的主要内容是专业知识传播的教学和学术研究。

(5)方向性。作为培养社会人才的重要场所,高校承担着向社会输送人才,以及进行科研和创新技术的任务。高校的发展形成了校园文化,其中青年学生是高校的主体,其文化自然以学生文化为主导,而主体多样化也导致校园文化多样化,并产生了独特的思想,即意识形态取向、行为规范取向和社会认可的价值观。它的作用包括帮助学生建立正确的价值观、世界观和人生观。

(6)渗透性和继承性。校园文化的内涵可以以微妙的方式感染校园中的每个人。文化的质量、校园文化的学习氛围、师范教育和这些思想的学术氛围不是一时形成的,而是通过每一代人的创造性适应演变而来的。因此,一旦形成了任何类型的校园文化,无论是传统文化还是现代文化,最重要的一步是传承。尽管它会随时代和社会制度的变化而变化,但是其精神内涵不会随之消散,值得所有人珍藏。

3.基本功能

实际上,校园文化具有很大的影响力,它不仅影响大学生的学习和生活,而且间接地促进了社会的发展。因此,校园文化对社会发展的影响也很大。一般而言,校园文化具有以下几种基本功能。

(1)定向功能。校园文化的引导作用主要从两个方面进行:一方面,校园文化愿意扮演价值导向的角色,这对形成和建立正确的思维方式具有积极意义,提高了学生的理论水平和辨别是非的能力;另一方面,它在校园价值的总体定位中起着指导作用。当高校校园文化形成时,将建立独特的道德价值观和文化模式,以充分体现自身的办学精神和办学特色,并不断优化其本质。例如,当学校成员的行为或价值观与学校价值观背道而驰时,学校校园的文化将在潜移默化中引导成员的价值观和行为心理,体现了校园文化的主导作用。

(2)凝聚功能。校园文化是由整个学校的师生共同创造的,也是学校师生的共同期望。作为一种集体文化,其可以培养学生的团队合作精神。例如,在校园活动中,学生遵循相同的行为准则,相互交流和帮助,从而形成团队凝聚力;健康的校园文化可以为所有师生带来强烈的归属感,提高学校的凝聚力。因此,校园文化的凝聚功能极大地提高了向心力和师生之间的凝聚力,最终提高了整个学校的凝聚力。

(3)创新功能。高校校园文化的形成是一个从零开始发展的过程,但它不是一成不变的,而是随着时间的流逝越来越突出。校园文化的创新功能主要是指校园文化能够激发师生的创新意识,发挥其创新潜力,提高其创新能力。

(4)辐射功能。高校校园文化具有辐射功能,一旦高校校园形成了自己独特的文化,不仅会影响学校的师生,而且会通过多种方式影响社会。例如,学校培养的人才进入社会,向社会传播校园文化,促进社会进步。

二、图书馆概述

(一)图书馆的产生及发展

图书馆是信息传播和存储的服务机构,是人类社会发展与进步的必然产物。图书馆的形成和发展本质上是人类创造和积累的文化现象,是人类社会活动的产物,从各个方面可以断定图书馆的内涵具有文化意义。

首先,图书馆的历史发展和实践,表明所有图书馆行为都与文化有关;其次,作为知识传播的物质结构,图书馆自成立以来就满足了社会的需求,并与社会建立了联系。在漫长的发展历史中,图书馆与社会之间的关系更加紧密,是一个不断发展的有机体。通过对图书馆文化的分析,在图书馆建设和发展过程中,存在着两个较为关键的问题:一是文化环境问题;二是民族传统问题。虽然图书馆是促进社会科学,发展文化和教育的机构,对社会发展和竞争力的提升起着重要作用。但是,如果图书馆文化发展压力太大,则可能产生政治和经济上的负面影响。

总之,图书馆作为人类存储知识和传播服务的组织,反映了一种社会和文化现象,在一定程度上具有社会和文化功能,可以影响社会和文化环境以及民族传统的传承。同时,作为获取知识和信息的有效途径,它在促进学习型社会和和谐社会中也起着重要作用。随着21世纪社会的飞速发展,人们对知识和信息的需求与日俱增,而互联网的发展,也促使信息和知识的增长越来越快。因此,为了满足读者不断增长的信息需求,必须扩大和深化图书馆工作的内容。

(二)图书馆的功能

图书馆的主要功能是存储书籍,但随着社会文明的进步,图书馆的功能变得越来越有用。它不仅是知识的存储场所,而且是知识服务机构。实际上,图书馆开发扩展的功能也为其存在和发展提供了保证。具体而言,图书馆具有以下五个功能。

1. 存储功能

关于图书馆存储功能的形成,是通过古人长期保存文化和使用知识的习惯逐渐演变而来的。但古代图书馆通常只专注于存储,现代图书馆则不同。它不仅拥有传统图书馆的基本功能,而且改变了仅进行存储的情况并进行了扩展。随着科学技术的进步,图书馆的存储功能得到了进一步增强,不仅可以进行纸质文献收集,而且可以利用媒体来保存文献,并将其复制到各种文化传播媒体中,有利于文件的保存和使用。新的媒体存储方法包括光盘,数字网络媒体等。

2. 整合功能

这些年来,作为历史文化的保管人、记录者和继承人,图书馆取得了巨大的历史和文化成就。然而,大量的文献资源导致文化知识获取时间的增加,同时降低了读者的注意力。这需要图书馆处理和组织文化资源,只有合理地整合资源,才能满足用户系统、长期存储的需要。

3. 选择功能

由于文化具有多样性和个性化的特征,而文化的选择是图书馆工作的关键,因此图书馆在选择文化方面有严格的规范和标准。从侧面分析,文化的选择是历史与现在、现在和未来联系并交流的灯塔,不仅可以确定未来的发展方向,而且可以融合传统文化并建立更好的未来图书馆。那么该如何选择文化呢? 具体而言,人们不仅应根据自己的精神需要和生活需要开展工作,而且应选择适合自己的文化。

4. 创新功能

社会不是一成不变的,而是随着人类思想的进步而不断变化的。因此,在发展过程中,必须不断丰富、完善和更新文化,以建立社会关系。它的文化创新功能主要集中在两个方面:一是文化更新功能。社会的进步促进文化的进步,这要求图书馆与时俱进;二是创新知识功能。图书馆必须通过文化传承、融合和更新来形成新知识,并成为社会进步和发展的主要动力。图书馆创新功能的实现主要取决于以下方法：首先，共享资源；其次，提供良好的环境和学习条件；再次，提倡文化现代化的观念；最后，图书馆社会化和个性化。

5. 教育功能

图书馆的核心价值是精神文化。通过一系列的文化活动，图书馆充分发挥了资源的作用，并向公众提供杰出的精神文化，展现图书馆的文化形象和和谐的文化环境，并提供积极、有内涵和健康的知识，甚至是文化思考。

三、图书馆文化

(一)图书馆文化的产生

文化与组织之间有着密切的关系，对组织的发展有着深远的影响。因而，组织文化概念的诞生经历了一系列管理理论演进过程，包括经验管理、科学管理和现代管理理论研究，但其源头仍然是企业管理理论。就像社会文化一样，组织文化在组织中也扮演着相同的角色。组织文化可以培养成员的精神文化，维护组织的运作秩序，巩固成员的核心力量，增强成员的创造力。在任何情况下，文化或组织文化都是面向用户的，可以看作一种特殊的文化现象。

基于组织文化的用户导向性质，可以将图书馆文化概念认定为源自组织文化。另外，图书馆也属于组织结构，本质上是社会组织的一部分，并且具有管理理论和发展组织文化的能力。根据组织文化与图书馆文化的相似性，许多学者选择从管理的角度探索图书馆文化，并将图书馆的管理与文化内涵分开。我国普遍对图书馆文化概念持积极态度。基于这一概念，我们将针对图书馆文化的内涵、结构和本质特征进行一系列的理论研究。到目前为止，已经形成了大规模的系统研究成果。

(二)图书馆文化的概念

图书馆是一种社会组织，图书馆文化可以看作一种组织文化，并在图书馆生存和长期发展期间形成。这是因为图书馆具有对团体或组织特征的某些规范和价值观的归属和认可。图书馆价值标准的基本信念和行为准则既是图书馆认可并普遍遵循的工作目的和宗旨,也是所有图书馆活动的本质。目前,中国学者对图书馆文化的代表意见主要包括"意识形态"和"整体论"。①

"意识形态"认为,图书馆文化是建立在图书馆实践基础上,并随着图书馆的不断发展而发展的。它属于意识形态领域,具有非物质性。② 在图书馆文化有意识的建设下,对提高图书馆管理水平,完善图书馆员的主观能动性,促进图书馆事业发展等方面具有积极作用。图书馆文化是指图书馆员在长期的实践中形成的价值取向、意识形态信念和行为守则,通常受到图书馆员的认可,主要内容是图书馆价值,包括图书馆员价值。图书馆员价值是指图书馆员在长期工作过程中培养和坚持的工作理念、最高目标、价值标准和行为标准③,是指群体心理和价值观的精神流动,归属感和图书馆员的自我意识。④

"整体论"认为,图书馆文化是在图书馆的长期历史发展过程中,受到社会政治、经济、文化等因素的影响。对于一个国家、民族和社会而言,在其文化的创造、积累、传播和发展的过程中,图书馆的物质成果、精神财富、制度规范和行为模式逐渐形成为图书馆文化。因此,图书馆文化是指图书馆及其相应系统和组织的意识形态。文化是人、自然与社会相互作用的产物,体现了人类的思想、行为和创造,是一个具有多种内涵的概念。在图书馆发展过程中,物质文化是图书馆文化的基础,也是图书馆精神文化的基础。充分考虑物质文化在图书馆文化中的地位和作用,将有助于我们更全面地理解图书馆文化。简言之,图书馆的文化可以理解为在为读者服务的长期管理活动中逐渐形成的独特价值、行为方法、管理方法、精神特征、道德规范和思想意识的总和,并在一定的社会和历史环境中,包含图书馆员创造的物质和精神成果的总和。

---

① 陈东韵.图书馆文化概念评析[J].江汉石油学院学报(社科版),2002(4):69-70.

② 王胜祥.论图书馆文化[J].黑龙江图书馆,1989(3):7-9.

③ 李小丽.以内部营销推进图书馆全面质量管理[J].图书馆,2004(6):82-84.

④ 白蔓果.浅谈图书馆文化及其建设[J].广西师范大学学报(哲学社会科学版),1999(3):246-247.

以上两种都是对图书馆文化的正确解释,但是图书馆的思想文化有点狭隘,属于狭义的图书馆文化;整体理论更全面地解释了图书馆文化,可以更好地反映图书馆文化的完整性和综合性。

(三)图书馆文化的内涵

图书馆文化的内涵主要分为三个部分:物质文化、精神文化和制度文化。精神文化是图书馆文化的灵魂,物质文化是图书馆文化的基础,制度文化是图书馆文化的保证。这三个相互作用并相互制约,形成了一个有机的结构体系。

1.图书馆物质文化

图书馆物质文化是指图书馆文化主体发挥的所有物质对象。图书馆文化的物质要素是图书馆文化的基础,而图书馆文化的物质基础既是图书馆文化的基础,又是形成图书馆文化中精神文化和制度文化的物质条件。"图书馆整体文化的保证和外部标志"通常反映了图书馆信息资源的实力;服务和管理水平,则体现了一定的价值目标;审美意图则在具有强烈文化内涵的人文环境中表现。因此,图书馆物质文化具有时代性和外在性,主要包括馆藏文化、建筑文化和环境文化。

(1)馆藏文化。图书馆馆藏文化是指文化知识、价值取向和审美趣味等内容收藏在各种历史文档或参考价值文档中。这些文化知识经过积累和选择,成为大量的图书馆馆藏资源并得以保留,是人类文明和智慧发展的结晶。

(2)建筑文化。图书馆建筑文化包括作为图书馆的基础建筑,以及图书馆的内部设施和结构。图书馆是文献资料收藏空间的载体,图书馆的建筑风格和功能在不同时期是不同的,其文化背景也不同。图书馆的文化内涵要求图书馆实行实用性与美学相结合的原则,充分考虑与环境的关系,使总体规划与个人建筑设计和谐统一。

(3)环境文化。图书馆环境文化是指以各种物理形式和其他形式存在的建筑、设施、设计、园林绿化和图书馆的环境气氛,包括自然环境、身体环境和人文环境。自然环境是指人们生活的物理环境;良好的身体环境可以使读者阅读时身心愉悦;人文环境是指影响图书馆中人文素质的环境因素。

2. 图书馆制度文化

制度层面是图书馆文化的中间层,它把物质文化和精神文化融为一体。它主要是指组织及其成员行为的规范性和约束性部分,在共同的生产和运营活动中规定了组织成员必须遵守的行为准则,包括各种系统、机制和行为准则。图书馆制度文化是规范性文化,它规范图书馆的内部和外部的关系和行为,包括图书馆领导、组织和管理要素。但同时文化的物质和精神层面也制约着成员及其组织行为。

3. 图书馆精神文化

图书馆的精神文化是图书馆文化根深蒂固的核心和灵魂,反映了图书馆的本质和个性,主要由图书馆理念、图书馆价值观、图书馆精神、图书馆形象、图书馆服务以及图书馆职业道德等组成。从严格意义上讲,在关于图书馆文化的辩论中,它经常成为图书馆文化的代名词。

(四)图书馆文化的功能

1. 内聚功能

图书馆文化包括图书馆的指导思想和价值观。其中,图书馆的价值是图书馆生存和发展的基本主题;图书馆指导思想则决定了图书馆的发展方向,没有指导思想,图书馆发展将是盲目的。这两者实质上是图书馆的灵魂,反映了员工的共同价值观。因此,对图书馆的任何成员都具有无形的、强大的吸引力,只有这样领导人员才能带领员工朝着图书馆的既定目标迈进,并为实现图书馆的目标而孜孜不倦地工作。

2. 限制功能

图书馆文化的限制性功能是通过制度文化和伦理道德来实现的。员工和读者的行为一般可以通过道德法规和标准得到规范;而良好的图书馆文化可以规范员工的思想;除了严格的规章制度限制和对温和的道德标准限制,图书馆组织文化中的共同价值观可以限制员工的行为。因此,文化具有无形的约束力,可以弥补规章制度的缺陷,并消除系统管理中的障碍。

3. 激励功能

图书馆文化的激励功能是通过外部刺激来激励员工,以产生高度热情,和谐的内部环境建立良好的人际关系。同时,在这种和谐的环境中,员工可以将公司的发展与自己的成长紧密地联系在一起,并以良好的工作态度进行工作。由于员工对工作时长,奖金和薪水这种不满较少,故工作绩效自然得到提高。此外,在良好的组织文化中,还应及时对员工进行肯定,赞赏和奖励,使员工具有极大的满足感、荣誉感和责任感,并具有极大的热情。激励功能是图书馆组织文化建设中必不可少的。

此外,良好的组织文化可以满足员工的精神需求,这是一种精神激励。对于员工而言,良好的组织文化本质上是一种内部激励机制,可以起到其他激励机制无法发挥的作用。这表明只有从内部动机出发,才能真正激发人们的热情。

4. 辐射功能

辐射功能是指图书馆的精神、形象和道德等因素,通过图书馆员的语言和行为以及图书馆的工作环境等因素来影响读者和社会。图书馆文化一旦形成相对固定的格局,不仅会影响图书馆成员,还会通过多种渠道影响社会。因此,良好的图书馆文化有助于图书馆在公众中树立良好的社会形象,吸引读者,并更好地发挥图书馆的社会效益;有助于得到公众的理解、支持和帮助,并促进图书馆的发展。

另外,一些研究人员提出了以下功能:一是社会教育的功能,图书馆是公众进行社会教育的重要场所。二是信息功能,图书馆作为文件的收集、整合、管理和使用的场所,应充分重视其信息功能,并通过信息服务来实现这一功能。因此,图书馆必须做好信息服务,加强文献信息的收集和处置,加强用户教育和研究,努力提高图书馆员的素质和图书馆信息服务能力。三是振兴功能,作为社会的一部分,图书馆将受到社会发展的影响。图书馆文化是一种与社会目标、环境和个人价值观等方面和谐发展的文化,对振兴图书馆事业十分有利。这体现在两个方面:一方面,图书馆文化是通过图书馆长期实践发展而成的,必然会指导图书馆的发展,使图书馆在原有基础上发展进步;另一方面,图书馆文化可以融入社会文化,促进人类文明进步。

四、高校图书馆文化与校园文化的关系

(一)与校园文化的关系

(1)图书馆文化是校园文化的重要组成部分。事实上,高校图书馆的建设是校园基础设施建设的重要组成部分,因而图书馆文化既是校园文化的重要组成部分,也是营造校园人文氛围的重要组成部分,为校园文化的发展提供了有力支持。高校图书馆作为校园文化的载体,不仅有专业信息,而且有大量的专题书籍和各种文学作品。随着网络的不断发展,高校图书馆也严格按照时代的要求进行自我激励,不仅有纸质文件,而且有音像文件。这些丰富的视听材料融合了知识、兴趣和文化思想,使它们对大学生更具吸引力。

高校图书馆是学生课后到访人数最多的地方。学生来这里是为了获得信息、自我学习和培养阅读兴趣,因而现代图书馆已成为高校学生学习和生活的重要场所。高校图书馆的阅读环境、阅读规则和阅读顺序以及优质服务将以微妙的方式影响大学生,并将对其个人素质、意识形态、心态和行为产生重大的影响。总之,高校图书馆是校园文化的重要组成部分。

(2)图书馆文化与校园文化价值观的一致性。价值观是指一个人对周围客观事物(包括人和事物)重要性的一般评估和意见。一方面,它表现为价值取向和价值搜索,综合为一定的价值目标;另一方面,它表现为价值标准的尺度,是人们判断事物是否存在价值的评价标准。校园文化的价值体现在校园文化活动的方方面面,不仅影响着校园活动的指导思想,而且制约着人与人之间关系的行为规范。若没有价值,图书馆文化和校园文化的内涵就没有任何意义。这表明无论是在图书馆活动中还是在校园文化活动中,价值观都必须一致,这是实现目标的重要条件。作为校园基础设施建设的重要组成部分,高校图书馆的发展目标与学校总体发展目标的统一,决定了这两者价值的一致性。

(3)校园文化与图书馆文化的互动发展。作为高校校园中重要的文化载体,图书馆具有与高校相同的定位和发展目标,必然受到校园文化建设的

影响。校园文化的完整性决定了图书馆作为参与者和建设者的完整性,即图书馆的每个要素都必须参与文化建设,发挥自己的功能和效力。因此,校园的文化活动影响着图书馆的整体发展,不仅包括图书馆馆藏系统、科学建设和信息资源的充分利用,还包括图书馆人员素质,团队建设,相关学术活动的发展,以及图书馆环境美化等。同时,图书馆的文化不仅受到学校环境的影响,还将受到学校更好的建构和引导,从而我们可以看出,图书馆的文化不仅可以优化教育环境,而且可以辐射校园,最终影响着校园文化的正确方向。因此,图书馆的文化活动与校园文化建设相结合,可以发挥总体作用并有效促进校园文明建设。

(二)图书馆在校园文化建设中的地位与作用

(1)图书馆是校园文化的重要载体和传承者。由于图书馆是藏书中心,负责收集、组织、存储、交付书籍和资料,以全面、系统的方式收集和反映人类社会知识的各种文件和材料,并保存和延续人类文明的最新学术思想。其中,最新学术思想是指人类认知发展的最新成果:最新的学术思想、科学技术成果和文化信息。因此,高校图书馆不仅是知识交流体系的中心,而且是文化和学术信息的前沿。密集和高容量的文化信息为在校园内构建和谐文化提供了强大的智力支持,宽广而安静的阅读环境为校园文化活动提供了绝佳的场所。这一特殊地位决定了图书馆是构建校园文化的中心。因此,要建设良好和谐的高校文化,首先要建设先进的图书馆文明。

图书馆发展的目标包括建筑模式、馆藏体系、环境装饰以及服务态度等方面,这些都反映了学校的经营理念,凝聚了高校精神,展现了校园文化底蕴。校园通过其教育和服务功能,促使图书馆充分继承了高校的文化精神。

(2)图书馆是校园文化活动的重要场所。图书馆作为文献信息中心决定了大学生可以在这里学习各种知识并获得各种文化熏陶,是大学生课外学习的一个重要场所。图书馆可以帮助学生完成课堂学习的扩展,通过书籍和期刊选择性地与杰出的同龄人交谈,与志同道合的人会面,并与古代圣贤进行精神讨论,实现灵魂的混合和碰撞;还可以组织各种活动,如主题演讲、培训、书画专题讨论会和展览,以激活阅读环境,激发学生的阅读兴趣,形成良好的学习风气。通过这些活动,提高了学生的自主性,改善了他们的知识结构,培养了他们对社会环境的适应性。此外,图书馆还可以完成许多与文化有关的活动,如教师科学研究和学术交流。因此,图书馆自然成为高校最重要的文化活动场所之一。

(3)促进学生全面发展。图书馆文化中充满活力和创造力,将对读者产生微妙的影响。由于图书馆的校园文化是学校历史积累、选择和发展所形成的,反映了学校的价值取向。因此,它在很大程度上影响了青年学生的价值取向,具有良好的导向作用。高校的一切教育活动和教学活动目的都是为了培养技术人才,并以高质量的应用为导向。这就要求学生不仅学习知识和文化,而且要学会如何成为一名优秀的人。因此,图书馆丰富的信息资源是学生宝贵的精神食粮,当图书馆成为构建校园和谐文化的主体时,学生的文化精神和专业技能将通过图书馆得到充分发展。

第四节 图书馆文化价值与核心价值

一、价值的内涵

从理论上讲,价值是一种关系范畴,它不能与主体和客体分开。然而,没有客体或价值载体,价值在主体中就不存在。价值存在于主体与客体之间,以及对象对对象的影响中。要想研究价值的内涵,我们必须坚持关系思维,并理解主体与客体之间相互作用价值的实质,只有坚持主体与客体互动的观点、主体与客体统一的观点以及对关系的深刻考虑,我们才能有效把握价值的本质。

价值是揭示客观世界的含义与满足人类需求的关系范畴,指具有特定属性对象的含义满足主体的需求。价值是人们在实践认知活动中建立的主客关系,是实践对象与实践主体之间关系的属性。在主客关系中,主体是决定性的部分,价值属于人的范畴,即表明只有人才能创造价值。值得注意的是,由于主体不同,主体所形成的价值也不同。

二、文化价值的内涵

文化价值是指客观事物可以满足某些文化需求或反映某些文化形式的特殊性。它是一种关系,包含两个方面:一方面,指有些东西可以满足文化需求;另一方面,指某些学科具有文化需求。当某些对象找到可以满足其文化需求的物品并以某种方式占用它们时,就存在文化价值的关系。此外,文化价值也是一种社会产品,不能简单理解为满足个人文化需求。同时,文化价值是人创造的,永远为人民服务,人类不需要的东西则没有文化价值。任何一种社会形式都有其独特的文化需求,只有通过人们的文化创造活动才能满足。人们创造文化需求和文化产品的能力是最基本的文化价值。

文化价值是指善于调节和优化人类生活中的"良好"特征。人们在"文化"本身及其周围的世界中创造、追求和延续这一价值。由于自然本来是自由的、混乱的和野性的,不能代表文化;文化是要改变这种野性和自然性,使其符合"人类"的标准,并趋向于"人类"的理想。因此,"文化"可以简单地定义为"人化"。

三、图书馆价值与核心价值

(一)内涵概述

价值是指对象的存在、功能和变化与某些学科的需要和发展是否适当、紧密或一致。其中,"价值"和"核心价值"的含义不同。为了解释和区分这种差异,我们可以将"价值"理解为"一般价值"。显然,"一般价值"是基本的且多方面的,而"核心价值"是关键的,中心的(甚至是唯一的)并且高度概括的。如果有多个核心价值,则它们之间没有区别,导致"核心"的含义丢失。通用价值是核心价值的基础和发展;核心价值由一般通用价值生成,两者之间的关系密不可分。因此,图书馆的核心价值(以下简称核心价值)是指占据主导地位,在价值体系中起指导作用并从最开始回答"什么是图书馆"这一基本问题的价值,本质是图书馆员的职业道德和共同理想。图书馆价值(以下简称价值)是指读者以及社会对于图书馆的性质、功能、任务、组成、标准和评价的基本观点和态度,是读者或社会的一种精神现象。例如,图书馆能否满足读者或社会的需求,以及如何满足读者或社会的需求。实际上,不同的价值观和核心价值观,以及不同人对图书馆意义的评价,是从不同的角度对图书馆员及其社会地位,服务水平和服务能力的评价。

价值是图书馆实际价值的一种认知价值体系。我们称领导者和领导者价值体系为中央价值体系,它具有指导功能,是指主体概念。由于它是一个概念性系统,因此应反映客观价值关系或图书馆价值事实。价值的建构和培养不在于概念本身,而在于客观价值关系或价值事实,其中客观事实排在第一位,概念形式的事物排在第二位,所有价值都是其客观价值关系或价值事实的积极反映。

在阶级社会中,核心价值不是反映对象(图书馆)对社会价值的所有事项(包括个人读者、读者群体和社会)的一般认识,而是反映基本价值标准在社会关系中的主导地位。核心价值的产生和存在包含许多价值,但是在特定历史时期的社会形成中,只有一个价值体系。那么核心价值是否反映了绝对价值? 答案是否定的,因为人的本性是社会关系的总和,人的主体价值受到人意识功能的制约,并在任何情况下都必须改变和调整。因此,整个核心价值的构建应反映对读者价值观念的有效引导。

严格来说,核心价值与核心价值体系之间存在某些差异。核心价值体系主要包括图书馆的客体、主体、内容和文化之间的关系以及如何建立图书馆。但核心价值应该是基于用户的,而不是提供者(图书馆或图书馆员)。

综上所述,价值观(包括核心价值观)不仅稳定、一致,而且具有历史性、特定性和变化性。虽然价值在不同的时间和环境条件下会有不同的要求和内容,但是它必须具有中心价值。由于中心价值来自一般价值,其稳定性和一致性是相对的,而其历史性、特殊性,包括经历过的发展和变化则是绝对的。所以价值就读者社会观点的形成来说具有差异性,因为不同的读者有不同的观点,导致价值的多样性和复杂性,价值体系的形成,更加促进人们进一步探索自己的核心价值。但是,人们理解和解决问题的能力和水平始终受到客观历史条件的限制,造成了图书馆困境。

（二）核心价值

1.逻辑基础

核心价值的主要来源与读者、社会和图书馆等方面有关。作为认知主体，人或组织会意识到周围事物的价值，这是他们使用图书馆的直接精神动力。因此，在所有主客体关系中，只有了解自己和对立的客体，我们才能形成客观评价和正确的理解。因此，一般而言，主体的任何价值（或良知）概念都必须基于其真正的理性认识，并且任何关于真理的知识只有形成实践的价值意识，才能成为实践的直接动力。

2.核心价值的条件

首先，价值观的存在必须是稳定的，否则它们将影响社会发展；其次，必须隐藏有效价值观念，否则它们很容易在外部冲击中失去位置；再次，价值观的影响必须是深刻的，否则不能提供有效的评估标准；最后，价值观必须是特定的，否则图书馆的生存和发展将丢失其存在的特殊性以及意义，这是图书馆生存的必要条件。只有满足这四个条件，才能融合形成图书馆的核心价值。但具备特殊性观念的价值观应该是稀缺的，否则价值的多样性将导致核心价值的瓦解。

3.核心价值实现的保障

（1）经济保障。图书馆的发展离不开经济支持。特别是在我国现行图书馆体制下，各级各类图书馆的日常支出主要依靠国家和地方财政补贴。这表明现代图书馆缺乏独立生存和发展所必需的经济资源，即图书馆的发展受经济发展制约。因此，在考虑如何实现图书馆核心价值前，首先要充分认识到稳定和可持续经济资源的重要性，它既可以维持图书馆的正常运转，又可以解决图书馆大部分物质问题。其次，在实际工作中，大多数图书馆的资金分配是基于历史经验或惯性，导致浪费大量的资金，造成资源稀缺。因此，有必要以合理有效的方式分配经费，使图书馆在图书馆环境、技术装备、人力资源和馆藏方面协调发展，更好地满足读者需求。图书馆只有坚持将经费纳入财政预算，才能创造文化财富和社会效益，并为读者提供满意的服务。此外，在明确了发展公共图书馆的责任后，政府有义务促进公共图书馆的积极发展，履行发展公共图书馆的责任，应强烈主张图书馆"以人为本"的理念,并开展"人文关怀"服务。这就要求图书馆购买相应的服务,采用更先进的管理技术,并加强对图书馆员的培训,但前提条件是资金充足。因而,中国的图书馆应积极寻求政府和企业的帮助,或通过与外部组织和公司的合作来扩大图书馆资源并为更大的用户群体服务。因此,经济因素将成为实现图书馆核心价值的主要保证因素。

(2)法律保障。在中国图书馆的长远发展中,很长一段时间内图书馆事业没有标准化的行业法规,只有一些馆内和地方法规。尽管它们在图书馆事业的发展中发挥了积极作用,但随着社会的发展,已经不能满足图书馆发展的需要和时代的要求,主要体现在以下两个方面:首先,到目前为止,国家图书馆法尚不完善。这不仅使图书馆的建立、管理和运作缺乏稳定和长远的发展,而且使地方政府对图书馆在社会发展中的重要作用认识不足,将减慢图书馆的开发进程;其次,图书馆独立于读者生存是没有意义的。没有明确、严格的法律保护,用户的合法权益将受到损害,这无疑将增加用户与图书馆之间的距离。

从以上两个方面可以看出,图书馆法的制定和执行可以促进图书馆自身发展和保护合法权益方面核心价值的实现。由于图书馆的核心价值只是自治和强制性的道德守则,不能完全直指某些危害性行为。因此,只有通过法律手段,才能纠正道德守则的缺陷。图书馆法作为一种法律保护手段,不仅可以从根本上巩固图书馆的社会地位,促进图书馆的发展,而且可以有效保护读者的合法权益,使读者真正了解图书馆核心价值的内涵。可以说,法律保障措施不仅将使社会和用户认识并支持图书馆核心价值的实现,而且将补充经济保障措施以确保图书馆资金来源的稳定性。

(3)组织保障。建立牢固、合理的内部图书馆组织,特别是图书馆的组织领导机制,将使图书馆的核心价值在建设和理论实践中得以长期实施。具体可以从以下两个方面进行理解。

一是必须提高图书馆管理人员的领导能力。图书馆领导团队是图书馆核心价值的主要创造者和推动者,为确保图书馆核心价值的长期建设,应努力提高图书馆质量,优化结构,完善职能,加强团结,以此来积极优化领导组织结构,提高图书馆整体功能。这就要求在选择领导团队成员时,必须选择可管理的人才,并实现以人为本。在进行管理期间,必须考虑到人才自身所具备的技能和才干,这样才能让图书馆领导团队成为一个强有力的集体,最终执行和实施图书馆的核心价值。另外,要大力推进图书馆领导内部的民主建设,这是提高图书馆整体领导水平、创新活力和巩固内部统一的重要保证。同时,组织中的"上行下效"功能也将有助于所有图书馆员更好地融入图书馆组织结构中,学习和实施图书馆的核心价值。

二是必须加强图书馆员的队伍建设,提高他们理解和执行核心价值的能力。图书馆员是图书馆的重要组成部分,也是建立图书馆核心价值的主要力量。因此,在"坚持标准,保证质量"的原则下,必须重视对图书馆员的培训,使图书馆员在日常工作中形成正确的核心价值观,并切实执行。同时,图书馆员必须充分认识到自己也是图书馆基本价值创造不可或缺的一部分,充分调动图书馆员的积极性和主动性,使图书馆员能够整合核心价值,创造发自内心的图书馆核心价值。

总之,通过图书馆和图书馆组织领导团队的建设,图书馆将成为一个牢固的组织,并为实现图书馆的核心价值提供坚实的组织保障。

(4)人才保障。从传统时代到现代,人才在国家治理和公司运转中至关重要。此外,在信息资源构成要素(例如设备、人才、财务和材料)中,人才始终是最活跃和重要的因素之一。从某种意义上说,人才因素在很大程度上决定着所有因素的质量和资源的建设。因此,图书馆的发展及其核心价值的实现,不仅需要庞大的人才队伍,而且需要具有完整的类别、合理的结构、优良的素质以及新老联系等特征,这样才能充分满足现代图书馆的发展需求。一方面,图书馆必须通过理论与实践相结合来加深对人才作用的认识,提高在人才方面的意识和创新性,同时要牢固树立人才第一的重要观念;另一方面,图书馆管理层应该建立以哲学、道德、才华和成就为衡量人才的标准,坚持道德和才华并重的原则,不局限选拔人才的模式,努力营造有利于人才成长的环境,使得人才发挥出各种才能,发挥自己的完整作用。以上两个方面,为图书馆人才成长创造良好的环境,不仅为实现图书馆的核心价值提供建议,而且为能够拥有一支不断激励图书馆事业发展的人才队伍,提供实现图书馆核心价值所需的精神力量和智力支持。

（5）赏罚保障。适当的奖励和惩罚活动可以维护图书馆核心价值的规范性。首先，需要区分"奖励和惩罚"的概念。奖励和惩罚是组织根据价值标准和特定组织形式，履行对其成员社会义务中各种表现形式优秀与否的有效途径。它的具体形式是一定数量的物质奖励或惩罚，具体包括对图书馆员表现良好的物质或精神奖励，以及对表现不好的物质或精神制裁。其次，价值的核心在于服从和有效实现。然而，无论是人们在现实生活中积累了数千年的经验或事实，还是社会心理学家设计的科学实验，都表明一个人需要自我约束。奖惩制度引导人们选择实施组织通过强迫干预而允许采取的行动，以有效实现组织的共同价值。但值得注意的是，惩罚必须遵循公开、公平、适当、合理和审慎的原则。奖惩方法将通过以下具体几个方面实现图书馆的核心价值：①奖惩制度实际上拥有一种强大的压力，这使违反图书馆核心价值观的图书馆员不仅可以约束自我，而且可以提升道德和自我控制能力；②奖惩制度使图书馆员通过坚持核心价值观，可以获得某些物质或精神上的满足，通过自我进一步发展和他人肯定促进道德行为的养成。通过上述奖惩制度，图书馆员可以发展自律能力，树立道德信念，帮助图书馆员将道德从"他人约束"转变为"自我自觉约束"，以实现图书馆核心价值的发挥。

4. 实现途径

理论只有在实践中使用，才能被人们认可和接受，图书馆核心价值也不例外。因此，在建设图书馆文化过程中需要通过社会实践证明自己的价值并发挥相应的作用。基于上述实现图书馆核心价值的原则，得出结论：图书馆核心价值的实现离不开社会和图书馆自身的作用，这两个过程都是必不可少的，它们共同促进了图书馆核心价值的实现。

在实现图书馆核心价值时，一方面，图书馆会受到外部社会环境的影响。这时，我们必须将图书馆的核心价值纳入社会发展进程，努力开展各种有效的实践活动，获得用户接受和社会支持，实现与社会的积极互动；另一方面，离不开图书馆员接受、认可和实践核心价值的过程。在此过程中，图书馆的核心价值只能根据图书馆自身发展所制定的价值标准，在图书馆内部进行实践和应用，指导图书馆工作的发展。接下来，我们将从两个方面探索实现图书馆核心价值的具体方法。

（1）树立社会责任。随着信息产品数量和种类的迅速增加，如何吸引读者、留住读者并提高读者忠诚度已成为图书馆关注的新问题之一。图书馆作为一个社会公益组织，必须以社会公益为己任，以引起读者的关注。其中，读者的注意力是指读者对图书馆各方面的持续关注以及读者注意力的发展，这与图书馆能否在竞争中获得更多的关注有关。因此，图书馆有必要基于公共利益，免费为用户提供知识产品和信息服务，满足用户需求，并允许传播文化，让人们分享人类创造的精神文明成果。

然而，如果在进行知识交互中要求用户支付所有信息访问费用，则公众，特别是弱势群体将无法通过图书馆访问知识和信息，导致图书馆最基本的信息服务功能丧失，使公众对图书馆的支持率减少。例如，由于资金不足等原因，一些图书馆将开放一些付费服务项目，甚至将这些设施出租作为商业场所。尽管某些图书馆允许合理收费，但他们不能故意扩大收费项目，这有悖于图书馆的公共利益，损害了图书馆的核心价值。这种社会公益反映了平等对待读者的要求，也表明图书馆应该更多关注"公益"，而不是"利润"。此外，由于图书馆经费来自公众缴纳的税款，这决定了图书馆必须了解公共福利的限度，并限制其行为，以免偏离其核心价值。可以看出，树立图书馆社会责任将有助于减少图书馆核心价值的"离心力"，增加实现核心价值的"向心力"。

（2）面向社会需求。当前，社会的发展呈现多样性特征。从古至今，各种各样的思想文化影响着人们的价值取向，人们的信息需求呈现出多层次的特征。特别是在市场经济的冲击下，许多商业信息服务机构与大型搜索引擎公司和图书馆之间的竞争变得越来越激烈。随着数字信息技术和网络信息技术的飞速发展，以传统图书馆为中心的信息服务模式再一次受到冲击，已经不能满足新形势下用户的信息需求。近年来，"以客户满意为重点，以用户为中心"已成为图书馆应对挑战和危机的新目标之一。因此，图书馆只有积极融入社会，及时了解和获取公众的信息需求，才能获得更广阔的社会舞台。目前，一些图书馆仍然具有信息落后、缺乏主动性等各种消极因素。这就要求图书馆员必须具有较强的社会服务意识，并主动了解社会读者的想法和需求,而不是被动地回应读者不断变化的需求。

总而言之,在对社会需求进行彻底调查的基础上,首先,图书馆必须及时调整服务内容,在传统方式的基础上进行创新,与时俱进,积极向公众提供满足需求的优质资源。其次,与其他服务行业和用户进行交流:一方面,通过语音、信件、电话以及网络等方式与读者进行资源和信息服务的交流,以分析用户信息需求和服务反馈,实现读者和图书馆员相互信任并促进两者达成共识,使图书馆员自觉协调他们的行为并形成良好的人际关系;另一方面,在图书馆服务中,图书馆员和用户应加强沟通和互动。图书馆员将经验的隐性知识与文献信息的显性知识相结合,以促进用户隐性知识的显性使用。只有这样,图书馆才能形成核心竞争力,且持续健康发展。

四、图书馆文化价值表现

(一)文化精神引导价值

所谓"文化精神"是指属于精神、思想、观念范畴的文化,代表一定民族的特点,反映其理论思维水平的思维方式、价值取向、伦理观念、心理状态、理想人格、审美情趣等精神成果的总和,是文化的深层结构,是一种文化的灵魂或精髓。从更深层次上讲,文化精神是指价值观念、道德规范、心理素质、精神面貌、行为准则、经营哲学以及审美观念等,是文化的核心。中国文化精神,就是中国文化深层次的内容,是中国文化的灵魂。中国文化基本精神不是简单的融会,而是一种整合或是有机的统一。只有动态地、现实地把握中国文化的基本精神,才能够真正摸准中国文化基本精神的脉搏。

现阶段,建设中国特色社会主义文化,在全社会培育和弘扬社会主义核心价值观,并践行中国精神,是我们基本的价值取向和发展关键。这不仅是价值观的具体表现,也是我们文化精神引导的重要方向。在文化精神的引导下,可以促进国家文明的发展和社会主义核心价值观的高质量建设。因此,图书馆必须在社会定位和人民教育中发挥社会主义文化的积极作用。

首先,图书馆应充分发挥精神文化的指导作用,提高人民的文化素质、弥补人文教育的不足、树立积极的人文精神以及培养良好的思想品质,最终推动践行社会主义核心价值观。随着社会素质教育的不断深入，大学生对新事物表现出极大的兴趣和感知，且具有极大的好奇心和积极的思维，因而合理的精神指导对于青年树立正确的人生观、世界观和价值观至关重要，这也是培育和践行以富强、民主、文明、和谐；自由、平等、公正、法治；爱国、敬业、诚信、友善为基本内容的社会主义核心价值观的重要途径。

其次，图书馆作为学校教育的一个重要场所，其功能之一是发挥图书馆在文化精神中的指导作用。一是通过文化定位，规范和完善大学生的心理发展和行为规范，帮助大学生提高道德素质，建立健康正确的价值取向；二是图书馆的文化环境传递着积极、健康、和谐以及稳定的文化内涵，影响着人们的思想感情。在这种优雅宜人的文化环境中，读者的思想将逐渐恢复平静，然后形成有意识的学习动机，以完成自己精神世界的提升。因此，图书馆文化价值的主要体现之一就是文化精神的指导价值。大学生目前处于一个具有不同观念、不同知识体系和多元价值观的社会环境中，而高校图书馆则是知识之海，既是大学生吸收外部信息的重要渠道，也承担了指导大学生思想道德素质教育的不可替代的角色。

综上所述，图书馆的浓厚学术氛围可以提高大学生的思想道德素质、科学文化素质和心理素质；图书馆的教育和文化定位功能可以促进社会和谐思想道德基础的形成，以传播积极和谐的社会主义精神文明。

（二）文化资源保障价值

图书馆旨在保存知识。因此，保存文字资源可以说是图书馆古老且永恒的使命，其基本功能是保存各种文档中的信息以及文档存储，然后为读者提供阅读和交流服务。其中，文档中的信息不仅包括纸质知识，而且包括电子数字文档，如 CD-ROM、数据库和网络，以及利用感光材料（如媒体）记录在微缩媒体上的视听文档。

图书馆作为文献收藏、课程教学资源、知识信息和文化传播中心，藏有论文、著作以及杂志报纸等国内外知名专家学者的文献资源。它是文化积淀的产物，是专门收集、整合、保存、存档和传播文献资源的知识宝库；是一个满足公众知识需求的服务机构，是一个随时收集和保存先进文化和知识并推动最先进学科发展趋势的服务机构。因此，文化资源保障价值是图书馆的固有特征。

另外,在高校中,学生不能仅通过课堂教学来获取知识,他们还必须依靠图书馆提供的大量课外阅读材料来补充和巩固自身专业知识。目前,许多高校图书馆都构建了数字网络图书馆,从而扩展并丰富了图书馆的信息和文献系统。高校图书馆知识存储功能的不断增强,不仅为高校师生提供了大量的专业信息,而且可以获得大量科技发展而产生的最新信息,受到了教师和学生的欢迎。因此,在网络时代,高校图书馆通过纸质和电子数据等各种渠道来保障文化信息资源的供给,使高校教师和学生能够在和谐的文化环境中吸收更多的文化知识。

(三)文化信息传播价值

图书馆不仅是文化知识的集中收藏场所,还是世界科学和文化发展的窗口。它担负着传播先进文化,提高人民群众科学文化素质,增强社会主义道德观念,为整体社会进步和经济发展提供强大精神动力和文化支撑的重大责任。

作为传播信息的一种方式,图书馆不仅负责传播信息,而且负责与其他媒体的良好结合。尽管当前网络的迅速发展严重威胁了传统媒体,但是数字图书馆的出现使图书馆履行了在网络时代传播信息资源的义务。尤其是随着计算机技术的发展和Internet(互联网)的普及,信息量呈指数级增长,使得图书馆具有从大量信息中选择有用资源的专业优势。与其他更注重传播数量而忽视信息质量的文化媒体相比,图书馆对信息的选择有更好的了解和把控,可以实现主动传播有效信息的目的。借助信息网络技术的发展,文档的收集、整理、归纳和参考等任务可以在网络中以电子方式进行数字化处理,打破了传统空间的局限性。因此,数字化图书馆是读者的信息渠道,也是知识的宝库。图书馆在文化传播中具有明确的科学价值,对指导和促进社会科学文化发展具有积极作用。

图书馆不仅促进知识和人类文化的传播,而且继承和促进人文精神和创新精神,是人类精神文明进步的重要途径。

(四)文化历史传承价值

图书馆文献的存储和积累可以避免许多文化和历史资料的缺失。正是由于图书馆中知识的存储、积累、传播等功能的充分发挥,人类的知识、文化和精神才能一代又一代地传播。因此,在继承和发展中华民族优秀传统文化的过程中,图书馆发挥了重要作用。

中国拥有丰富的历史和文化经典,并且这些灿烂的文化遗产是宝贵的不可再生的资源。它们既是中华民族五千年智慧的结晶,又是维护民族团结、社会稳定和民族发展的重要文化基础。

图书馆作为收集、分类和保存知识与文化的重要机构,在中国卓越的历史文化底蕴中发挥积极作用。图书馆研究人员既可以修复和保护零散和损坏的历史书籍,还可以对历史经典和传统文化进行深入研究,将数千年的中华文化留给后代。图书馆购买大量电子书,以减少馆藏古籍的阅读量,从而间接保护原件免遭损坏,又使读者可以在线阅读,进一步扩大了中国古典文化的影响范围。简言之,图书馆的使命和责任是保存人类的文化遗产和文明成果,传递历史和文化的宝贵财富,让珍贵的传统文化得以延续。

(五)文化人才培育价值

图书馆在丰富大学生的知识体系,开发智慧思维和培养思想道德方面具有非常重要的作用。对于大学生而言,教育是高校图书馆的直接职能。"一流的高校必须拥有一流的图书馆。"这已经成为当今教育工作者的共识,表明高校图书馆在培养文化人才方面的作用是毋庸置疑的。

图书馆文化人才培训的教育方法包括:在高校中,帮助读者使用图书馆中的各种文献和材料,并基于学生的自学能力,加深对课堂知识的理解,扩大所学知识,这是一种深化的课堂活动,即图书馆作为高校"第二课堂"的作用;通过阅读和欣赏文学作品进行审美教育,对提高读者的文学水平和艺术素质具有重要作用。同时,在图书馆员的工作中,良好的职业道德和言行规则也可以教育人们。现代图书馆不仅可以利用丰富的藏书资源,向读者提供指导服务、推荐必要的阅读书、举办阅读讲座、开展各种阅读活动和文化活动鼓励公众阅读,还扩大了大学生阅读的范围,丰富了知识的结构,提高了人文素质,削弱了阅读的功利性;不仅利用优美的环境文化吸引读者,而且充分利用这种良好的文化环境对读者进行静默教育,影响了公众的观念。例如,破坏书籍,破坏公共财产和占用座位等不良行为的改善,这是维护公民责任感和公共道德的有效途径。

由此可以看出,图书馆藏有大量书籍并且可以为人们提供安静的学习环境,有利于激发个人的学习欲望,从而形成自主学习的内在动力,使读者产生价值感,培养公众的整体素质。尤其是在当今意识形态多元化发展的社会中,图书馆已成为科学、文化和思想的前沿。因此,图书馆有文化人才培育价值。

(六)文化知识创新价值

文化创新建立在文化遗产的基础上,并受到文化交流和融合的推动,这为国家和民族的崛起提供了取之不尽的资源。文化创新包括概念创新和内容创新。其中,概念创新是指文化发展观念的更新和新文化意识的形成;内容创新是指根据传统文化内容和中国特色社会主义建设的文化成果,发展新文化。文化创新需要足够的信息资源和培育空间,这样才能促使人们有意识地吸收文化知识并产生创新思想。然而,图书馆本身就是文化的聚会场所,是收集、分类、保存、汇总文档的地方。它既为文化观念的创新提供了丰富的氛围,又为文化内涵的创新提供了资源支持,并不断为文化创新赋予新的活力。

在文化服务实践中,图书馆必须涵盖多种文化的资源服务,这不仅为师生学习和吸收各个领域的文化提供了有利条件,而且提供了一种十分有效的途径。高校重视素质教育,致力于探索和提高学生的综合创新能力,以培养满足新时代需求的创新型人才。因此,文化知识创新价值既是国家培育高科技人才,实施科教兴国战略的重要保证,也是国家创新知识体系的重要组成部分。在新时代,各种图书馆不仅应坚持传统文献的保存和传输,还应与时俱进、不断创新,充分利用现代信息网络技术建立信息系统,营造更加开放的知识文化氛围。随着时间的流逝,图书馆文化价值的重要性越来越明显。图书馆虽然继承了前辈的文化成就,但也在不断创新,不断改进,不断发展。

第二章
图书馆文化建设概述

图书馆文化是图书馆发展过程中形成的独特文化概念、价值取向、行为准则和道德准则,反映了图书馆的精神和管理水平。图书馆文化观念和意识的建立,将图书馆的管理从硬性管理转变为软性管理和柔性管理,即从系统管理转变为精神管理,包括概念管理、工作风格管理和行政管理。由于良好的图书馆文化将在促进图书馆管理中发挥重要作用,并且是图书馆健康发展的关键。因此,要充分利用图书馆的综合优势,必须将文化因素纳入图书馆管理,应鼓励图书馆员建立共同的文化价值观和行为准则,产生责任感、成就感,并通过激发其主动性和创造力,以提高图书馆的完整性、向心力、凝聚力、创造力和竞争力等优势,使所有图书馆员可以共同努力,实现管理目标。①

图书馆文化源于图书馆的实践,而实践又塑造了图书馆的精神。这表明积极的图书馆文化是凝聚和激励图书馆及其员工的重要力量,可以为图书馆的发展提供强大的精神动力和资源支持。

---

① 贺霞.对图书馆文化研究的分析探讨[J].全国新书目,2007(19):90-92.

第一节　图书馆文化建设的相关理论基础

一、图书馆的研究状况

自第一篇关于图书馆文化的文章发表以来,学术界对图书馆文化的研究越来越重视。到 2002 年,图书馆文化研究进入发展阶段,研究文献逐年增加且内容涵盖了图书馆文化的方方面面,包括图书馆文化建设的内涵、结构、功能和策略,使图书馆文化研究具有了一定的规模和体系。当前,图书馆文化研究虽然有一定规模,但还需要我们更加深入探讨,以促进图书馆文化的发展。

图书馆的文化是特定文化背景下独特的组织管理模型,它是一种个性化的表达,而不是统一的规范模型,即不同环境下图书馆的文化特征不同。因此,应进一步深化对特定环境下图书馆文化的研究。作为高校的信息中心和文化中心,图书馆文化建设在高校校园文化建设中起着不可或缺的作用。而其中高校图书馆的文化特色和文化建设都值得我们研究。

二、图书馆文化建设研究的社会学理论基础

(一)文化功能

1. 整合功能

文化整合的作用是指文化在协调小组成员行为中的作用。人与人之间存在个体差异,个体通常根据自己的需求和周围环境采取行动。作为一个小组成员,个人的行为需要被其他小组成员认可才能在该小组中生存。在这一点上,文化将在其中发挥作用。实际上,个人将根据整个团队的思想文化来调整自己的行为,以便他们的行为既能够满足他们的需求,又能够得到团队的认可。同时,其他团队成员将根据团队的文化对其他成员进行评估。

如果存在一种认可他人语言和行为的共同文化,则团队可以进行沟通并能够促进有效合作。同时,文化整合的功能不仅发生在语言行为的识别层面,而且发生在规范的识别层面。例如,每个人都同意同事之间应该是什么样的关系,这种共识是一种规范性的标识。

2. 指导功能

文化的指导功能是文化可以为人们的行为提供指导和替代方法。在群体和社会生活中,人们会根据自己的需要采取各种行动,但并非所有形式都会得到社会团体的认可。通过群体之间的文化交流,参与者可以知道自己的行为是否被他人认可,因此他们更倾向于选择有效的行为,这就是文化在社会群体中的行为指导功能。

3. 维护秩序功能

文化是人们经验的积累,其形成意味着经验被大多数人所接受,也意味着某种秩序的形成。只要这种文化继续得到认可,这种文化所建立的社会秩序就会得到维持,即文化的维护秩序功能。我们可以发现,文化的维持秩序功能体现在文化的相对稳定性上。但如果文化过于稳定,则会抑制团体创新并阻碍社会发展,成为文化的消极作用。

4. 传播功能

从时间的角度来看,如果一种文化能长期维持秩序,那么该文化也具有连续性的功能。一般而言,社会上任何文化都具有这种功能,其原则是"社会化"。作为一种基本的社会知识,文化是从上一代传给下一代的,即文化的传播功能。

文化的作用对于图书馆的文化建设具有重要的现实意义。通过对文化功能的理解,可以预见,图书馆文化将为图书馆的发展提供巨大的精神保障,并为今后图书馆的管理提供新途径。如果说规章制度是管理图书馆的法律,那么图书馆文化的形成就代表了以"图书馆价值"为主体的道德形成,是"法治"和"道德"双重管理模式的结合。

(二)社会互动

根据社会交往的性质,社会交往可以分为三类。

一是合作。合作是指不同的人或团体相互合作以实现共同目标的一种互动方式。根据合作方式的不同,合作可以分为分工合作和联合合作。在合作过程中,参与者相互了解,每个最终合作的结果都会对未来的合作产生影响。

二是竞争。竞争是不同个人或团体为实现同一目标而采用的一种互动方法。应该注意的是,竞争是针对客观对象的,而参与竞争实际与客观对象的获取有关。根据各方在竞争中达成的共识,形成一种公平的竞争,不仅产生了活力,而且形成了秩序。

三是冲突。冲突是人或团体之间为实现共同目标而进行互动的一种方法。尽管冲突在某些情况下可以发挥积极作用,但也具有消极作用。因此,合作与竞争才是图书馆文化建设过程中的主要形式。

三、图书馆文化建设研究的组织行为学理论基础

(一)组织行为

组织文化是指组织成员的共同价值观体系被组织内所有成员所接受,并成为组织的一种群体认识,由信念、共同的活动和行为标准等组成。组织文化可以分为三个层次:表面文化(物质文化)、中间文化(制度文化)和深层文化(精神文化)。其中,表面的物质文化是组织及其员工的理想,是价值观和精神观的具体体现,反映了组织在社会上的外部形象;制度文化就是组织中的规范与标准;深层的精神文化包括组织精神、组织哲学、价值观、组织伦理、组织精神和组织目标。

组织文化作为一种文化,具有以下几种功能。

1. 激励功能

它是指组织文化通过各种因素在激励员工潜力方面的作用,属于精神动力类别。

2. 连接功能

通过培养员工文化,在统一的思想和价值观的指导下,组织成员将具有一种"身份感"和"使命感",从而产生组织意识、道德意识、行为准则以及经营理念等"认同感"。

3.引导功能

一旦形成共同的文化价值观,组织就采用同一种心态来指导员工实现组织目标,即员工的注意力将集中在组织提出的任何事情上。

4.规范职能

组织文化可以规范和统一组织的外部形象、规范组织制度和员工行为,从而使整个组织具有一致的精神信念,并有效整合个人和组织的发展目标。

5.协调职能

文化可以增强组织成员之间的合作、信任和团结,从而培养亲密感、信任感和归属感,并促进部门中个人与个人、个人与团体、团体和组织以及员工之间的有机合作。

综上所述,组织文化理论从根本上回答了"为什么建立图书馆文化"和"建立图书馆文化的作用是什么"的问题。通过组织文化的研究,我们甚至可以找到"如何建立图书馆文化"的理论依据。图书馆文化实际上也是一种组织文化,可以发挥与组织相似的作用。因此,图书馆文化的建设,不仅有利于图书馆事业的发展,而且是整个社会文化发展的强大动力。

(二)激励理论

1.马斯洛的需求层次结构

马斯洛的需求层次理论指出,员工的行为是通过满足其内部需求的愿望所驱动的。他在《人的动机理论》一书中,提出了需求级别的概念,并确定了五个需求级别:生理需求、安全需求、心理需求、尊重需求和自我实现需求。与马斯洛的需求理论相似,阿尔弗雷德的 ERG 理论和麦克莱伦的需求理论的主要原则是根据个人需求之间的渐进关系总结各级需求的具体内容,并为组织员工的管理提供理论依据。

2.赫兹伯格的两因素理论

赫兹伯格(Herzberg)《工作激励》一书中提出了"两因素理论"的基本思想。他将可以提高人们工作满意度的一个因素称为激励因素,可以提高人们工作满意度的另一个因素称为保健因素,即"内部因素"和"外部因素"。根据赫茨伯格的说法,"激励因素"意味着一旦满足内部因素,员工就会得到满足,这会增加他们的工作动力,而"保健因素"意味着尽管外部因素也能满足员工的需求,但在"激励因素"中,"保健因素"可以暂时产生。例如,工资调整可能会增加员工的工作热情,但是如果工资不能持续增加,这种热情会在一段时间后消失,最终引起员工之间的不满,从而降低工作积极性。激励理论的出现为实施组织管理和实用管理方法提供了基础。对于具体的图书馆文化建设计划,特别是图书馆制度文化建设,我们还将学习激励理论中的各种激励机制和相关理论知识。

(三)团队建设

团队是指少数目标群体,且团队成员具有互补的技能,致力于一个共同的目标,并共同负责特定工作的群体。然而,工作组和普通工作组之间有很大的区别,但目标是相似的:一是工作组的领导角色不是一个人,整个工作组都有领导,但普通工作组中只有一个明确的领导;二是在工作处理方面,工作组是相互依存,共同负责的,但普通工作组通常是分散的和独立的;三是就责任而言,工作组共同负责同一任务,而普通工作组仅负责完成单个任务。因此,在现代社会中,组织已开始重视建立工作团队以提高工作效率。在图书馆建设中,工作团队的概念提供了一种将馆员聚集在一起进行图书馆人力资源管理的方法,具有图书馆特色的工作团队建设将有效促进图书馆文化的建设和整个图书馆事业的发展。

一个有效的团队必须具有以下特征:

第一,明确目标。图书馆建立的工作团队必须是面向读者服务的,其目标是通过团队的特征整合个人技能,更好地完成服务。

第二,非正式的环境。对于图书馆而言,营造轻松愉快的工作环境并通过团队成员之间的轻松互动激发团队热情。原因是图书馆员的情绪会影响他们的服务态度和服务质量。

第三,参与和倾听。换句话说,我们不仅需要重视个人在团队中的作用,而且必须尊重他人的能力和贡献。作为图书馆团队,服务工作有很多类型。这就需要每个团队成员必须认识到他们工作的重要性以及其他人对整个团队的贡献,不要因为工作部门的不同而区别对待不同的任务。

第四,建设性冲突。无论是发展中的团队或组织,还是发达的团队或组织,都存在建设性冲突。任何团队都必须意识到这种冲突有利于整个团队的发展,有必要得到充分重视和保护。这是因为关于图书馆的建设,图书馆员的任何意见都是宝贵参考资源。由于馆员负责整个图书馆最基本、最重要的工作,因此他们的建议通常最具代表性。团队应充分利用这一建设性冲突,提高他们的工作能力,营造一个可以自由发言的环境,并为每个团队成员表达意见提供平台。

第五,明确角色和任务。团队合作并不意味着所有工作必须一起完成,实际上每个人仍然拥有每个人的岗位任务。团队的重要性在于,每个人不仅应完成自己的工作,而且还应促进他人的工作,并利用自己的优势来帮助其他团队成员,从而降低工作难度,提高工作效率。

第六,共同领导。由于整个团队承担着共同的任务,因此每个人都有义务在工作过程中完成任务,整个团队的领导者或协调者所行使的权力主要是内部和外部沟通,即稳定团队的内部关系,代表团队进行外部沟通。

第七,自我评估。由于服务工作的特点,图书馆员的自我评价方法对于评价图书馆员的绩效非常科学合理,且更具说服力和合理性。这对图书馆团队来说尤其重要。

综上所述,我们可以提出以下有关建设图书馆工作团队的想法:一是图书馆工作团队必须是彼此熟悉的团队成员;二是在工作过程中,成员可以将需求和想法直接发送给团队,并愿意为其他团队成员提供必要的帮助和建议,并利用团队的力量将这种互助转化为团队合作精神;三是无论是团队的失败还是荣誉都必须共同分担和分享,强调每个人在团队中的角色,让每个人参与决策和团队合作;四是在达到组织目标之后,整个团队的自我评估不仅应评估整个团队,还应为每个成员的作用进行评估。

四、图书馆文化的发展规律

纵观图书馆文化的发展历史,无论是在中国还是在西方国家,图书馆文化的发展都有以下规律。

(1)经济是基础。图书馆文化的发展离不开时代背景,而且受到经济基础的影响。从传统社会到现代社会,图书馆的产生和建立都是在最强大的国家和地区,表现为经济越发达,图书馆的规模就越大。例如,古代强国亚述王国就建立了一座宏伟的宫殿图书馆;希腊化时代,强大的托勒密王国在亚历山大城建立了亚历山大图书馆;文艺复兴时期,以新资产阶级为代表的佛罗伦萨美第奇家族建立了当时最好的图书馆;在法英霸权时代,法国皇家图书馆和大英博物馆应运而生;美国拥有世界上最大的国会图书馆;而我国宋代经济繁荣,出现了大规模的皇家修书活动,包括《太平广记》《太平御览》《文苑英华》《册府元龟》等书籍,其规模之大,历时之长达到了空前的程度,被称为"宋四大书"。随后,明成祖下令编修的《永乐大典》不仅是我国最大的一部类书,也是为世界所公认的最早的一部"大百科全书"。《永乐大典》是中国历史上最大的手抄本书之一,与它同为手抄本书的《四库全书》就是在清朝经济繁荣、社会稳定的盛世完成的。因此,经济是推动图书馆文化发展的最基本动力。

(2)科技是主导因素。科学技术的发展彻底改变了图书馆文化的发展。其中,纸张的发明、移动类型的印刷、电子计算机和现代信息技术为图书馆文化的发展带来了革命性的变化;图书馆的规模、管理方式、服务方式和服务内容也受科学技术的影响。中国是第一个发明印刷术的国家。雕刻版画出现在隋朝,在唐朝很盛行;而后由于社会生产力的发展,在宋代毕昇发明了活字印刷术,这比世界上第一个金属印刷术要早400年。从旧图书馆的出现到移动式印刷术的发明,图书馆已有数千年的历史,而阅读成为图书馆的一项重要任务。我们发现此时的书籍存储和书籍生产是不可分割的,它们都是由图书馆制作的。此后,借助移动印刷,书籍管理与书籍生产完全分开。出现了新的社会分工,形成了两个独立的产业:图书馆业和出版业。随着时代的发展,移动印刷出现,印刷书籍大量出版且价格低廉,普通市民也可以购买书籍,拥有大量书籍的图书馆也应运而生。这为将来建立公共图书馆创造了条件。目前,已经建立了不同类型的图书馆,这在手写书籍时代是无法想象的。由于图书馆的变革,对图书馆管理和书籍使用的研究已成为一门新学科。如今,以计算机技术和网络技术为代表的现代信息技术正在给图书馆带来变革。

(3)统治阶级重视是主流。统治阶级对图书馆事业的关注一直是图书馆文化发展历程中的主流。例如：四部流传至今的宋代书籍是在宋朝皇帝的支持下完成的,此外《永乐大典》和《四库全书》这两部手稿也都是根据皇帝的命令编撰的。明成祖甚至在《永乐大典》完成后,还为它写了序。当然,历史发展中也有不和谐的声音。但这并不影响图书馆文化发展的向前推进。

(4)杰出人才是关键。许多杰出人物受到图书馆文化的影响,积极致力于图书馆文化建设,从而进一步促进了图书馆文化的发展。16世纪,瑞士出现了一位学者,他拥有深厚的知识,收藏了丰富的书籍,其所有书籍后来都捐赠给了佛罗伦萨的圣斯皮里托修道院。在25岁时,他萌发了想要将所有现有书籍编入参考书目中的想法。1945年,他终于完成了该项目,这是图书馆文化发展史上的一个特殊事件。法国的诺迪(Nordet)是一个博学的人,他开创了图书馆学。1642年,他被任命为马萨林图书馆馆长。1627年,他出版了书籍《图书馆建设意见》,这是图书馆史上的第一篇理论著作。其中,在1595年,荷兰学者利普修斯(Lipsius)也出版了《图书馆结构》一书,这本书为图书馆的现代历史研究奠定了基础。

此外,还应特别提及莱布尼兹。莱布尼兹是一位伟大的数学家和哲学家,也是计算机的创始人,与牛顿齐名。但是鲜为人知的是他是现代图书馆理论的创始人和杰出的图书馆员。1667年,他在博尼堡私人图书馆,此后又在巴黎和伦敦进行了学术研究。他读了诺迪的书后,意识到建立图书馆的重要性。他认为,图书馆是人类思想的宝库,而图书馆价值需要通过其对人类社会进步的贡献来衡量;图书馆最重要的任务是尽一切可能使读者使用书籍和材料,即应该尽可能方便用户使用,他甚至还要求图书馆配备必要的照明和供暖设备。他坚信《国家图书目录》可以为学者提供有关图书的必要信息,这在很大程度上决定了科学研究的进展。总的来说,莱布尼兹指出了图书馆发展的方向,他的思想在后来图书馆的发展中仍然具有重要指导意义。

(5)开放共享是发展模式。图书馆经历了从封闭到开放,从开放到合作的发展历程,这也是图书馆文化的发展过程。实际上,纵观图书馆发展的数千年历史,图书馆经历了从封闭式图书馆、私人图书馆到公共图书馆、国家图书馆、馆际合作、馆际互借和国际合作的发展过程。这表明在任何时间和任何国家,图书馆文化都有其发展共性。

(6)保存是发展短板。事实上,历史上著名的图书馆没有一个能够完整地保留下来。从西方来看,完全没有保存好中世纪以前的图书馆,现代图书馆也遭受了天灾人祸的严重损失。例如,古代的亚历山大图书馆、罗马时期的大型图书馆、伊斯兰教的图书馆和文艺复兴时期的人文主义图书馆等,这些著名的图书馆几乎都遭到了难以复原的损坏。又如,我国西周的团家、汉代的石窟阁、隋代的观音殿以及宋代的崇文宫,这些如今已不复存在。

事实上,造成图书馆破坏的原因是多方面的,如自然灾害、战争、"异端"的破坏、统治阶级思想的禁锢以及资料的自然变质等,不仅是图书馆,人类历史上的许多文化遗产也遭遇了同样的命运。目前,人类的共同任务是保存前人创造的珍贵图书资源,使图书得以长期传播,而现代信息技术的出现无疑将在这方面发挥重要作用。同时,广泛的国内外合作也将在尊重和保护人类共同文化遗产方面发挥积极作用,这是图书馆文化发展的一个划时代变化。

五、图书馆文化建设存在的问题

1. 缺乏正确的认识和理解

一些图书馆将图书馆文化建设等同于精神文明建设、思想政治工作、图书馆业余文化活动开展或企业形象战略等。这是因为图书馆领导者尚未充分认识自己在图书馆文化建设中的作用和责任,没有完全意识到自己既是图书馆文化的倡导者、设计者和实施者,也是图书馆文化转型的核心人物。

2. 建设缺乏系统性

大多数图书馆没有专门设立图书馆文化建设委员会,也没有构建文化体系的框架。这就造成在图书馆的发展战略和组织结构上,图书馆文化的作用和定位尚不明确,并且没有系统的建设目标和长远的发展计划。目前,文化建设的重点仍然是做好图书馆内部业务管理,这一重点忽略了图书馆围绕内外部环境变化和用户的文化管理和建设。

3.缺乏战略思考

当前,图书馆员普遍服务意识差,缺乏创新精神,从而尚未明确一些图书馆的服务理念在图书馆文化建设中的作用。此外,近年来,图书馆文化建设投资与图书馆发展速度之间存在差距,导致图书馆文化战略尚未纳入图书馆发展规划的总体战略,文化战略在图书馆可持续发展中的重要作用也尚未得到认识。

4.物质建设现象严重

许多图书馆在建立图书馆文化时,通常只关注物质或机构文化(例如图书馆徽标、外部建筑、室内装饰、员工制服以及信息系统等),而忽视了图书馆精神和价值观的建立和培养。

第二节　图书馆文化建设实践

图书馆是人类文明的积淀,它本身就是一种文化,承载着人类文明传承的重任。通过对图书馆文化理论的研究,发展和提高馆员的价值观,对于提高图书馆的整体服务水平,促进图书馆发展具有重要意义,这是现代图书馆发展的必然趋势。在发展过程中,图书馆应从物质、制度和精神三个方面进行组织文化管理。

一、物质文化建设研究

众所周知,我们一直生活在文化中,图书馆也是如此。这是因为读者所能看到的一切东西,如书桌、椅子、书架、楼梯以及展板等,实际上都是人类文明的产物。这些产物既展示了人类的生活方式,又表现出了人类的智力水平,甚至可以体现出人类的思想。

(一)馆舍建设

图书馆的建设是图书馆服务的基础。图书馆的建筑目标不仅是要构建一个安静的学习场所,而且图书馆的建筑风格和布局设计也可以体现出图书馆的内部哲学和精神内涵。这就要求图书馆建设过程中,不仅要考虑外观环境的美化效果,还要考虑其实用性,并营造出图书馆的文化氛围。在传统观念中,图书馆被视为知识的殿堂,在建筑中则表现为庄重典雅。随着现代图书馆的发展,图书馆的结构模式也随着服务理念的变化而改变。目前,大多数图书馆都采用开放式模式,既可以灵活安排以适应馆藏、借阅和阅读的综合服务模式,又可以建立多媒体阅览室或教室,以满足读者对不同形式信息的需求。许多图书馆甚至还展示了传统的区域特色建筑或装饰,以突出其人文特色。从图书馆建筑的具体发展历程来说,古代图书馆建筑是用木头建造的;而后为了防止火灾,图书馆大楼转变为用石头建造;发展到现代用钢筋混凝土建造图书馆,不仅防火而且防潮和防震。

(二)馆藏建设

馆藏建设是图书馆物质文化发展的重点。与其他组织、机构和公用事业相比,图书馆的硬件设施只有一个指标,即所持书籍的数量。书是人类智慧的结晶,这使得每个图书馆都有收集、保护和传播人类文明的责任。事实上,缺少任何设施都不会对图书馆产生重大影响,只有当缺少书籍时,才会影响图书馆正常运行。毫无疑问,如果图书馆没有收集书籍,那么无论场馆建设多么美丽或基础设施多么完善,都将毫无用处。此外,图书馆文献资源的建设在很大程度上受社会、政治、经济、文化、科学和教育等发展趋势的影响,可以反映社会的价值取向和审美情趣,并在图书馆的建设中起主导作用。随着图书馆的发展,越来越多的图书馆开始重视特色馆藏建设,通过特色馆藏的建设,馆藏由准确到复杂,从复杂到专业,每个图书馆真正形成了自己的特色,促使不同读者可以根据自己的需要进行选择。

(三)资金投入

每个时代的文化特色都能用一个具备特色的物品来表现。例如,通过古代文物,可以推断出历史时代和当时人们生活现状。实际上,由于每个时代的文化特征不同,文物的特征也不同。因此,只有比较才能体现出来,图书馆的物质和文化特征也需要通过比较来体现,主要分为两部分:一是横向比较,即与当前社会状况的比较;二是纵向比较。图书馆作为非营利性公共服务组织,具有"矛盾"特征,即"免费"与"收费"之间的矛盾。首先,它应该对读者免费。图书馆的硬件设施应免费提供给读者。即使不能,他们也应该只收取基本费用。随着社会的商业化,图书馆也应融入当今的社会。应该指出的是,非营利组织不能以利益为先。这就要求图书馆在不影响正常运行和读者正常阅读的前提下,努力赢得更多社会资金支持,以促进发展。如果大量的资金可以投入图书馆文化建设中,图书馆事业将进入良性循环。

(四)内涵

物质文化需要某种精神文化作为其内涵,才能成为独特的文化,使得图书馆基础设施可以称为图书馆物质文化,反映图书馆精神文化内涵。窗户、门、桌子和椅子其实可以反映图书馆一定的文化,但关键在于这些材料能否使图书馆文化具有特殊性。例如,从读者的角度来看,如何确保室内照明充足且不会太刺眼;如何确保读者进入或关闭门时门不会发出声音;如何设计桌子以节省空间并满足读者的需求。这就表明在满足读者需求基础下构成了图书馆物质文化的另一个方面。

二、精神文化建设研究

图书馆精神文化是图书馆文化及其深层元素的核心和灵魂,体现了图书馆的本质和个性。狭义上讲,图书馆精神通常被定义为图书馆文化的代名词;广义上讲,图书馆精神文化涵盖了图书馆哲学、图书馆价值观、图书馆形象、图书馆服务以及图书馆的职业道德和其他,而图书馆的所有工作和活动都包含且反映了图书馆精神文化的核心价值观。

(一)加强培训,提高馆员素质

图书馆员素质是指图书馆员在长期工作实践中形成的相对稳定的思维和行为方式,包括图书馆员的政治意识、精神观、思想感情和职业道德。通过图书馆职业教育、文明规范礼仪及职业道德诠释等活动,提高了图书馆员的思想修养,树立了读者至上、真诚服务和默默奉献的职业精神;通过专业知识培训,提高了图书馆员的专业素质,形成了良好的拼搏精神和进取心。这些精神已经渗透到每个图书馆员的思想,并在工作和学习中形成了良好的图书馆精神文化,促进了图书馆工作的顺利开展。

(二)树立良好的图书馆形象

第一,必须建立良好的职业道德和服务意识。这就要求图书馆员在服务中应注意服务形式和语言表述。例如,在工作过程中,要注意为读者创造一个安静的学习环境;与读者交流时,使用指导性语言以避免使用强制性语言;统一穿着整洁大方的工作服,突出图书馆工作的专业性。

第二,必须树立以人为本的服务理念。图书馆员提供服务的目的就是帮助读者更好利用图书馆资源。从书籍普通借阅模式,学科馆员的对口服务模式,到为读者提供冷热饮水,以及在阅览台上摆放台灯,这些措施反映出图书馆员的人本精神和奉献精神,使图书馆享有良好的声誉。

第三,必须重视读者反馈,不断完善服务。图书馆应开展各种形式的读者调查,关注读者意见,了解读者需求。例如,可以采用问卷调查、在线消息、论坛、访谈以及建议箱等形式,调查图书馆员的服务质量。此外,还可以使用各种图书馆工作统计数据,例如借阅、咨询以及问题服务,图书利用率分析和其他工作统计数据,以汇总分析得出结论。这一方式可以从侧面了解读者的需求,有利于文献资源的建设、图书馆环境的建设、读者服务和图书馆管理。综上所述,把握读者需求,积极满足读者需求,无疑会在读者心中树立良好的求真务实形象,从而促进图书馆与读者之间的良性互动。①

(三)塑造传播图书馆精神

丰富多彩的活动构成了图书馆活动文化,即图书馆活动文化是指有目的、有规律且有组织的宣传教育、学术研究和娱乐活动中所体现的文化魅力。通过各种形式的活动,与读者有效互动,进行图书馆的推广以及文档检索技能的介绍,促使读者了解更多关于图书馆的知识,学会利用图书馆进行学习阅读,以减少与图书馆之间的距离。

目前,众多图书馆与"世界读书日"一起开展了一系列与读书有关的活动:挑选阅读之星、以读书为主题的阅读、书法展览、专家论坛以及书籍漂流等,并倡导读者可以阅读更多书籍,在活动中培养读者对阅读的兴趣,传达

---

① 何小苹.浅论高校图书馆对先进文化的传承和发展[J].科技情报开发与经济,2006(9):2—3.

图书馆的精神。例如,图书馆举行检索比赛,通过"精心设计—团队参与—考试评估—交流沟通—日程审查"等环节,充分调动了读者的积极性。同时,每个参与团队为团队指定一个唯一的团队名称,玩家彼此合作并积极参与游戏。通过图书馆文化活动,提高了图书馆的吸引力和读者的获取信息技能,使读者感受到了图书馆的创新精神和实用主义精神。同时,丰富活动的广泛开展,不仅可以充分发挥图书馆的各项功能,激发图书馆的学术文化氛围,形成良好而生动的图书馆活动文化,而且可以连接图书馆和读者的情感,进一步稳定和改善图书馆。

此外,图书馆开展的各种活动还有利于增强图书馆员的团队凝聚力、行动力和主人翁意识,使每个人都可以为图书馆的发展而思考和共同努力。例如,可以进行新年晚会、跳绳比赛、长期训练以及郊游等活动,或以部门为单位,或随机分组开展活动,通过这些活动来培养同志的团结合作精神和集体荣誉感,并且充分调动图书馆员的积极性,形成对工作和生活的乐观态度,营造健康的工作氛围。

三、制度文化建设研究

所谓制度文化,只是一种管理技能。因而,图书馆制度文化就是管理图书馆事务的一种手段。鉴于我国图书馆事业发展现状,图书馆制度文化的建设需要突出以下特点。

1. 认识制度的约束力

目前,我国图书馆普遍存在"人际关系"高于"法规"的现象。这是因为作为一个非营利组织,图书馆的有效性很难与员工自己的工资挂钩,这使得有效和连续执行大部分工作变得困难。因此,图书馆的机构建设需要强有力的管理措施来规范每个员工的行为,图书馆制度文化的第一要点是使图书馆员意识到规章制度是不可侵犯的。

2. 物质和精神动机同等重要

由于图书馆员的日常工作主要是服务工作,很难量化他们的绩效评估。因此,在物质激励条件的前提下,精神激励更为重要。这是因为大多数人参加社会活动的目的并不只是为了追求利益,诸如管理学、心理学、组织行为和社会学理论已经证明了精神需求的重要性,即领导、同事和读者的认可是个人发展的强大动力。在图书馆制度文化建设中,如何充分利用这一力量,是今后提高图书馆服务水平的重点。

3. 合作与竞争

当今社会是一个合作共赢的社会,各行各业都在寻求团队合作,图书馆也不例外,人们对合作与竞争这两种类型互动的利弊认识越来越清晰。如果图书馆业的发展不能利用这些优势,其发展将受到限制。首先,图书馆内部合作自然是必要的,但外部合作和竞争也应得到充分重视;其次,图书馆制度文化的建设应阐明图书馆中个人的地位和社会中图书馆的地位,即表明每个人或每个图书馆都不是孤立的,而是通过合作与竞争而发展的。

4. 制度文化建设促进图书馆的精神文化建设

图书馆文化强调"以人为本"和"一切为了读者"的文化精神,可以称为图书馆精神文化建设。但是,口头宣传,例如演讲和文化标语等,不足以支持整个图书馆精神文化建设,只有通过科学、系统的管理理论,以规章制度的形式塑造制度文化,才能真正实现图书馆文化建设。由于图书馆制度文化建设的主要内容是图书馆员的行为守则,但因为图书馆的非营利性质,导致出现图书馆员不够热情、服务态度不好、进取精神不强以及专业素质不足等问题,这些问题的根源在于缺乏人与人之间的竞争以及人与利益之间的竞争。因此,图书馆制度文化建设在强调专业精神的同时,还应考虑实际因素的影响,建立公平的工作量机制,以及优胜劣汰的竞争机制,激发图书馆员的积极性。

四、图书馆文化建设机制研究

所谓图书馆文化建设机制,是保证图书馆文化建设和整个图书馆事业发展的内在措施。这种措施具有图书馆的特点,是为图书馆文化事业发展量身定做的。另外,图书馆文化建设机制的建立需要涵盖图书馆文化建设的方方面面,且这些机制是相辅相成的。

（一）规范机制

这里的规范机制是一个通用概念，指的是保证图书馆文化建设规范化的基本机制，主要包括公开机制、决策机制和监督机制。这些机制之所以结合在一起，是因为它们普遍存在于所有的公共组织，而不只包含于图书馆文化建设，并且由于这些机制之间的互补关系，它们可以相互作用。

公开机制主要包括财务、设施和决策。公开机制可以使读者和图书馆员的信任最大化。但需要注意的是，它只有在被信任时才能被接受，即组织发展的方式必须得到其成员的支持，这是组织发展的基础。事实上，无论是物质文明建设还是精神文明建设，都需要成员的信任和支持。财务披露是公开机制中最重要的部分，即表明图书馆的所有收据和付款必须公开给读者和图书馆员，这一方式可确保所有图书馆资金都用于图书馆的物质和文化建设。在赢得图书馆员和读者的信任方面，财政公开为树立图书馆形象和机构文化建设奠定了基础。设施广告是指整个图书馆中所有设施的广告，包括读者无法到达的办公区。开放设施的重要性在于使读者和图书馆员能够更好地了解图书馆的作用，并珍惜和喜爱图书馆。同时，这种宣传还可以作为图书馆员工作分工的展示，并为该机制建设打基础。公开决策则是公开机制的重要组成部分，一旦建立了这种机制，就意味着图书馆的任何决策都需要读者和员工的支持。这种无形的监视机制可以保障图书馆事业长期稳定的发展。

决策机制要求图书馆的决策可以代表读者的利益或在读者和员工的支持下进行。目前，中国政府采用的倾听制度为图书馆的决策机制提供了参考。此外，从精神和文化建设的角度出发，一旦制定了决策体系，图书馆各项事业的发展就必须基于读者利益，即表明无论是认识到读者的重要性，确立"为读者提供一切"的概念，还是出现了这种决策机制，图书馆的建设要以读者为中心，这意味着图书馆的发展已经转移到读者身上，标志着图书馆精神文化建设的开始。

监督机制则主要包括对图书馆员的监督、对财务状况的监督和对管理决策的监督。其中，员工监督是图书馆最困难的事情，这是因为图书馆员的服务很难量化，具有无形性。因此，对图书馆员工作的监督需要读者参与，读者对服务质量的评估是评估图书馆员工作的重要标准。同时,建立科学和系统的评估标准是员工监督的另一途径。

(二)激励机制

激励机制是指激励对象的相关方式,即利用激励杠杆来激励对象。期望理论指出,在任何组织中,员工都会担心三个问题:首先,如果我努力工作,能否达到组织要求的绩效水平? 其次,如果我竭尽全力达到这一水平,组织将给我什么样的补偿或奖励? 最后,我如何看待这种奖励? 这就是我想要的吗?

期望理论从员工的角度为组织管理提供了一些重要思想和方法。在图书馆文化建设时,使用期望理论我们会发现:首先,对于图书馆员来说,由于大多数图书馆工作强制性的要求,没有可量化的需求。其次,即使达到了绩效水平,图书馆可付给员工的工资也非常有限。最后,有限的物质回报无法满足员工的需求。换句话说,在图书馆运作过程中,缺乏对员工的激励机制,这种情形下自然不会改善员工的工作态度。因此,在图书馆文化建设中,应注意以下几个方面。

(1)图书馆文化建设的目标必须是积极的、上进的、充满活力和可实现的。在工作中,允许员工树立与图书馆文化建设目标相同的核心价值观,有利于员工产生思想自豪感,也有利于激发员工的精神动力。这里的图书馆文化就可以简单理解为图书馆的精神文化。换句话说,创建图书馆精神文化是建立图书馆文化的第一步,而且精神文化的建设对其他文化的建设也具有指导意义。

(2)考虑员工价值观。虽然图书馆一直强调无私奉献和服务于读者的精神,但某些时候因为不能保证员工的利益,严重影响员工的积极性,甚至可能导致图书馆员产生抵制心理。因此,通过向员工灌输图书馆文化,使他们对自身工作有清楚的认识,有效完成工作任务。这里的图书馆文化主要是指图书馆制度文化。制度文化与精神文化的区别在于制度文化的可操作性和现实意义。因此,在建立图书馆文化的过程中,既要给图书馆员灌输图书馆事业的崇高目标,即精神文化,又要在图书馆制度文化中使员工实现工作价值。

（3）在发挥激励机制的作用时，要注意适度。我们需要知道激励和收益是不同的，在激励机制中必须进行比较才能生效，并看出个体之间的差异，这是激励机制的最基本功能。虽然激励机制可以反映整个组织的公平性，做更多的事情。但是，过度的激励措施可能导致压力大的工作环境和员工个人主义，阻碍员工之间的沟通与合作，造成众多负面影响。

（三）约束机制

约束机制是指通过已形成的具有是非、善恶观念的图书馆文化，在图书馆员中建立一种普遍接受的道德观念，并通过舆论、个人信仰来约束员工的行为。用社会学的理论来解释，就是在继续社会化的过程中，人们会通过改变自己的行为来更好地融入社会环境。与规范机制、激励机制相比，约束机制属于德治。也就是说，约束机制本身没有标准，取决于员工自身的职业道德。此外，图书馆的约束机制与文化建设是相辅相成的。图书馆文化建设水平越高，整个图书馆的道德环境越好，员工的职业道德修养水平越高，进而约束机制的作用越强，这反过来又促进图书馆文化建设的发展。因此，约束机制的约束力既是图书馆文化建设质量的评价标准，也是推进图书馆文化建设的重要手段。

（四）反馈机制

反馈机制主要分为两个部分：一是读者对图书馆服务的反馈。读者根据自身的实际需求和满意度之间的差异来评估图书馆员的服务质量，然后图书馆再根据读者的反馈来响应或管理服务内容。通过这种双向沟通机制，我们可以最大限度地发现图书馆工作中存在的问题，并根据读者的实际需求进行改进，缩小读者的实际需求与图书馆工作能力之间的差异。二是图书馆员对图书馆管理的反馈。通过图书馆员对日常工作的总结与分析，将图书馆工作中遇到的问题和建议反馈给行政管理部门，以便做出更多安排和改进，形成规章制度，并促进图书馆工作。

反馈机制主要用于图书馆制度文化建设。需要指出的是，只有具有图书馆功能的制度体系才能称为图书馆制度文化。作为管理图书馆事业的一种手段，图书馆系统文化必须得到大多数图书馆员的认可，不仅是在精神和文化层面上的识别，而且必须落实到图书馆管理中每项决定和每项行动。

第三节 高校图书馆文化建设概述

一、高校图书馆文化建设现状

(一)阅读方式便捷化

随着互联网的迅速发展,数字媒体也得到了广泛应用。在线数字媒体阅读对大学生产生了很大的影响,如越来越多的学生花大量时间在互联网上搜索信息资源,这对纸质文献资源的深入阅读产生了阻碍。另外,由于跳跃式思维和在线阅读的混合信息资源,导致读者不得不被动接受信息。同时,这一时期的大学生尚未形成对生活和世界的正确看法,网络信息的诱惑常常使大学生误入歧途,无法回归正途。从长远来看,不利于大学生思想健康发展,也不利于校园和谐文化建设,最终结果是大学生阅读能力普遍下降。由于互联网中的信息不仅丰富且数量巨大,导致大学生很难选择正确的信息,这使得阅读纸质文档更加符合学生要求。同时,阅读纸质文献不仅已有数千年的历史,而且纸质文献的某些资源无法用网络资源代替,这也是纸质文献发展的优势。

(二)阅读场所集中化

目前,大学生仍然将图书馆作为文化活动的首选,因为高校图书馆馆藏的质量与大学生的个人成长密切相关。一方面,这反映了他们对图书馆的期望;另一方面,高校图书馆纸质和数字资料反映了一定程度的学生需求。此外,高校图书馆作为文化活动的首选,不仅要提供高质量的文学资料,而且对自己的服务要有很高的要求和标准。因此,高校图书馆应注意图书馆员的服务质量,加强其在阅读中的指导作用。

(三)阅读倾向功利化

分析现阶段读者的阅读趋势可以得出,读者对信息资源的需求主要反映在他们的阅读内容和阅读动机上。根据调查,大学生的阅读内容主要集中在测试材料、语言学习和专业学习上,这些类型的书籍可以提高学生的专业知识,并改善他们的知识结构。然而,随着就业压力的增加,社会企业对优秀人才的专业技能也提出了更高的要求,一些资格证书成为学生就业的保障。因此,为了能够顺利毕业和掌握专业技能,大学生通常去图书馆阅读所需的内容。但也有一部分学生对文学作品很感兴趣,愿意沉浸于作品的艺术之美和独特的文化内涵中,既增强了他们的修养又树立了人生观、价值观和世界观。

此外,现代大学生的阅读动机也显示出务实的趋势。换句话说,大学生阅读是为了达到提升自己能力的目的,导致阅读不再纯粹是自我修养、休闲和自我满足,增加了功利的色彩,充分反映出大学生在课堂外的阅读受到了社会快速发展背景的极大影响。

二、高校图书馆文化建设成因分析

(一)盲目阅读导致阅读简易化

当代大学生盲目阅读的原因主要有以下三种。

1. 阅读兴趣的丧失

我们的教育体系是应试教育,从小学到高中,再进入高校学习,大多数孩子的生活都经过了应试评估,导致教学主题和教具深深扎根于学生的思想,很少获得系统阅读的教育和培训。这将导致许多人阅读兴趣丧失,甚全停止阅读。

2. 社会因素

为了适应社会的发展,学生需要更多专业的书籍,这将造成学生基本忽略通过阅读获得其他知识和技能的渠道。在这种情况下,最终造成的结果就是大学生缺乏阅读兴趣。虽然大学生进入高校后有更多的独立时间,但由于阅读兴趣的缺失,导致学生将更多时间花在游戏、谈恋爱、看电影和电视节目上,很容易误入歧途。这就需要高校图书馆借助文化活动来增强自身的吸引力,引导大学生走上正途。

3.互联网的迅速发展和数字媒体的广泛应用

由于大学生正处于身心发展的关键时期,他们控制外部诱惑的能力较差,虽然可以通过减少他们对互联网的依赖来防止危害,但还是有许多人沉迷于互联网和在线游戏,不仅浪费宝贵的学习时间从而无法进行阅读,而且不利于将来学生的发展。

(二)主流文化偏差导致阅读功利化

目前大学生的阅读内容多种多样,其中不乏有许多"庸俗"的内容。同时,大学生在心理上不成熟,容易受到阅读内容或流行文化的影响,即现阶段的文学阅读已从古典阅读逐渐发展成为对武术小说、奇幻小说和浪漫小说的热爱,这样的阅读实际上不利于学生自身的发展。

另外,随着就业压力的增加,为了应对考试并获得更多的证书而适应更多优秀岗位,大学生希望阅读更多实用的书籍来提高竞争力。在这种情况下,大学生阅读的目的越来越功利,越来越多的阅读旨在实现自我生活价值。从长远来看,随着社会的发展,用人单位在各个方面都需要更多的人才,导致大学生必须提前设定学习目标,这将阻碍他们的未来发展。

(三)常态化服务模式造成文化活动单调化

图书馆作为丰富大学生精神生活的关键场所,其文化价值是影响大学生价值观形成的重要因素。图书馆通过组织生动的文化和学习活动,使学生积极吸收文化知识,获得生活意义的完整体验,然后培养自己的情感。然而,由于服务模式缺乏创新、服务意识不足和工作枯燥等因素,图书馆的文化活动趋于标准化,仅继承了旧校园的文化单调但并未创新。这就使得图书馆所开展的活动形式不能满足现代大学生对新鲜感的追求,从而不具备吸引力和文化魅力,导致大学生不重视图书馆活动。这样长期发展不利于图书馆文化的积累和校园文化的建设。

三、高校图书馆文化建设的影响因素

(一)读者因素

高校图书馆的服务范围通常是有针对性的,主要针对教师和学生。尽管不同的读者需求不同,但是读者对自身的学习目标和阅读任务很明确,即关注图书馆知识、有效利用信息资源、充分利用馆藏资源传递知识价值,在此情形下可以促进文化发展,为图书馆建立外部环境奠定基础。同时,由于大学生是校园阅读文化的主体,在构建校园阅读文化中,大学生不仅是参与者,而且在一定程度上反映了校园阅读文化。而高校教师在图书馆文化建设中也具备一定的优势,体现在学习能力上,其作为建设校园阅读文化的直接参与者和负责任的人,具有较高学术和思想素养的教师在建设校园阅读文化中发挥着重要作用。此外,教师阅读不仅是学生阅读的先决条件,而且是所有教育的先决条件。教师知识的丰富,也为教学过程增色,即教师可以通过阅读体验影响学生的阅读行为,并营造良好的阅读文化氛围。

(二)资源因素

经过长期的文化建设和信息资源的积累,高校图书馆拥有丰富的馆藏资源,不仅包括文学、哲学、法律和经济等学科,还包括被称为"知识宝库"的艺术和医学等学科。从高校图书馆中收集到的丰富信息,不仅可以满足学生的专业阅读和文化阅读的需要,还可以满足学生的阅读兴趣,为他们提供专业的知识资源,包括纸质文献和电子数字资源等信息资料。因此,图书馆是大学生课外阅读和学习知识的最佳场所,可以强烈激发学生的学习欲望,而且具有深厚文化底蕴的高校图书馆对大学生具有特殊的激励作用和亲和力。

随着社会的发展,高校图书馆还增加了其他类别的信息,包括电子阅读和视频资料。为了更快接受新事物,高校教师和学生必须与时俱进。此外,高校图书馆不仅对纸张阅读进行了发展,而且在在线阅读、视频资料、电子杂志、移动数字图书馆和移动图书馆等方面,也得到了迅速发展。因此,借助高校图书馆馆藏资源的优势可以为读者提供无限的阅读平台,在形成大学生正确的人生观、世界观和价值观中起着不可或缺的作用。

(三)信息技术人才因素

与公共图书馆相比,高校图书馆员的素质更高,服务更专业。高校图书馆通过人才招聘这一方式吸引了很多专业人才,并使他们在接受了综合信息的专业教育之后,在书籍的收集、发行、加工和阅读方面拥有丰富的专业知识和工作经验,可以熟练使用高级信息设备处理大量信息,更好地完成网络上的信息参考业务,并为用户提供高级信息产品和服务。高校图书馆处于高校的特殊环境中,应鼓励图书馆员学习新知识丰富自己,并为读者更好地服务。

此外,由于高校图书馆不时在校园内开展各种文化阅读活动,以满足不同大学生的阅读需求,这就需要图书馆具有培养人才的综合能力,包括阅读能力、思维能力、创新能力以及组织能力,并帮助他们树立正确的价值观念。总的来说,通过开展各种活动,高校图书馆已培养了许多适合现代社会的优质综合人才。

(四)环境因素

凭借丰富的文化氛围和优美的阅读环境,高校图书馆在营造校园文化氛围中发挥着重要作用,并以潜移默化的方式影响着周围的人们,这是一种特殊的无声教育。例如,安静的阅读环境、有序的服务和宁静的高校图书馆氛围都在不经意间影响着读者,并在培养大学生的良好素质中发挥着重要作用。同时,高校图书馆可以激发学生的学习欲望,使其对阅读产生浓厚的兴趣,并提高学习的意识。在有意识的阅读活动中,大学生可以提高自我修养,扩大知识面,提高个人素质并改善他们的经验。因此,高校图书馆的环境资源在促进校园文化建设中起着重要作用。

四、高校图书馆文化建设问题和挑战

(一)发展不均衡

1. 高校高度重视物质文化建设,忽视了精神文化建设

诸如美丽的教学楼、精美的设计、完善的教学和体育设施以及优美的校园环境,都体现了高校对物质文化建设重视。虽然各种基础设施是校园文化的物质载体,不仅是整个校园文化建设的物质基础,而且是校园文化建设的外部标志。但是,校园文化建设的核心和重点应是校园精神文化建设,这是校园文化建设和校园文化价值的重要组成部分。简言之,建设校园物质文化不是文化建设的根本目的,而仅仅是实现这一目的的手段。但是,与物

质文化的建设相比,当前的校园精神文化建设明显滞后。这使得在教育中,教学目的功利主义很强且商业化明显,导致教育的重心转向满足社会需求。

2.高校通常强调制度管理,而忽略文化影响

在加强校园文化建设,特别是校园精神文化建设的过程中,一些高校仅强调制度单方面的管理,并提出制定限制教师和学生的各种规章制度,但这一方式最终会造成学生的厌恶、抵制,并不是真正在解决问题。

(二)主体结构不全面

校园文化建设的主体非常广泛,包括学校的所有组织和成员(学生、教师、管理人员以及后勤服务等)。在校园文化建设中,师生必须发挥主导作用,这是因为其思想范围和行为方式对校园文化建设具有重要影响。高校服务人员也是校园文化建设的主要群体之一,因而他们的服务态度和服务水平也是建设校园文化的重要方面。但是,在当前的校园文化建设中,校园文化的主体一般是大学生。当学生参加校园文化活动时,图书馆并没有主动采取很多措施来引起大学生的注意,而仅仅是简单应学校有关部门的要求,这种被动状态大大降低了校园文化的功能,校园文化建设已失去其普遍意义。

另外,在校园文化建设过程中,学校管理人员、后勤服务人员以及师生之间缺乏相应的合作,导致参与建设的多方虽然都在共同努力,但是校园文化建设仍然不够完善。目前,在校园文化建设过程中,学校管理部门和团委一般负责校园文化建设,师生不参与,教师主要从事课堂教学,而忽略课外活动。与此同时,不少学生不愿参加校园文化建设,导致各个方面的力量相对独立,没有形成校园文化建设的推动力。

(三)"主旋律"不够突出

为了适应激烈的市场竞争和人才的社会发展需求,高校倾向于重视专业知识的培养和塑造,忽视了人文素质教育和人文精神的培养,造成了教育导向功能不足。当前,高等学校的几种灰色文化,例如谈恋爱的人越来越年轻和公众道德感差,甚至出现考试作弊的现象,对大学生的思想产生了许多不利影响。由于这些灰色文化的消极影响,并且高校的校园文化没有表现出足够的免疫力和抵抗力,这就导致类似文化的蔓延加剧。这是因为校园

文化在建设过程中的教育主题不够突出,没有发挥应有的作用。

(四)缺乏特色

从精英教育向大众教育过渡之后,不同高校之间的文化差异正在缩小,专业和学科的结构也没有明显差异。在这种情况下,校园文化建设可能缺乏个性和特色,这也是校园文化建设中的主要问题。其原因在于高校没有考虑到自身校园特点、历史渊源和发展趋势;另外,在校园文化建设中的人格特色不明显,趋同现象严重,不能发挥校园文化的德育功能。例如,许多高校都有相同的座右铭,即许多高校在制定学校口号时没有考虑自己的学校表现特征和专业特征,仅从"统一""严谨""追求真理""勤奋""文明"和"创新"中选择了一些词。

五、加强图书馆环境文化建设

图书馆丰富的信息资源和浓厚的学习氛围,使读者处在一个相互制约、相互影响的阅读氛围,并且舒适的阅读环境让读者感觉彼此进步,也促进了学校良好形象的塑造。因此,图书馆应努力营造一个文雅、有序、舒适以及优美的高品位环境文化,最大限度地调动师生积极性,使图书馆成为校园文化建设的重要阵地。

(一)加强馆舍环境建设

图书馆环境的好坏直接影响着读者的阅读情绪。例如,明亮的阅读环境可以使读者身心愉悦,提高学生的学习欲望和热情。除了一些绿色植物和一些人性化的设施外,若是阅览室家具的色彩设计得当,也会营造出一种宁静和温暖的感觉,使读者感到依赖和愉悦,并对读者发挥积极作用。高校图书馆还可以经常开展诗歌朗诵、绘画展览和书法鉴赏会等文化活动,不仅可以提高学生的审美知识,净化学生的心灵,而且可以提高学生的文化素养。

同样,图书馆必须根据读者的需求和服务模式的变化来调整环境建设。例如,为了使读者享受开放和无障碍的服务,图书馆和阅览室采用开放式阅读方式,以方便读者无限制地访问馆内资源;或者尝试建立信息通信网络,整合物理空间和虚拟空间,基于印刷媒体、现代信息技术和网络信息资源整合传统资源和服务,使信息环境方便舒适。图书馆这种人性化建设可以吸引大学生在图书馆学习,促进读者的学习、交流、合作与研究,以逐渐形成良好的学风。

(二)建设文献信息资源系统

书籍是人类的精神食粮,是校园和谐文化建设的保障,而丰富的馆藏资源是图书馆校园文化建设的基础,在一定程度上影响着校园文化发展的整体水平。丰富的书籍不仅可以满足高校日常教学和科学研究的需求,而且可以激发读者对知识的强烈渴求。因此,高校图书馆不仅应根据专业环境和高校学科的发展来收集书籍,还应根据校园文化建设的需要来收集书籍,以充分发挥其在校园文化建设中的作用。同时,高校图书馆还应重视培养大学生素质、关心大学生心理健康,与时俱进,满足读者的阅读需求。因此,在开展资源搜集工作中,图书馆必须严格控制书本质量,以保障促进大学生身心健康发展。

此外,高校的文献资源都集中在高校图书馆。学生在图书馆中进行阅读自学是课堂教学的延伸和补充,是丰富知识的第二课堂,其所拥有的报刊、图书,特别是网络信息化下的资源共享,都为学生信息的获取提供了便利。因此,在跨时代环境下,建设数字图书馆,丰富文献收藏载体,保证高校师生文献的持续供应,是高校图书馆在校园文化建设中的重要历史使命。在信息飞速发展的今天,大学生仅仅靠从课本和课堂上获取信息已经不能适应社会的发展,还需要利用大量的业余时间在图书馆获得丰富的知识。随着互联网时代的兴起,包括云图书馆在内的数字图书馆和虚拟图书馆已经成为21世纪的主流文化载体,图书馆的作用不再局限于为用户提供传统的纸质文献和报纸,还需提供经过二次加工后的信息产品。简言之,到现代化时期,图书馆经历了从信息资源的收集、处理、传播和利用到知识资源的获取和重组的重要职能的转变过程。

综上所述,在信息资源建设中,高校图书馆应根据办学特点、专业设置、培养目标和各类读者的不同需求进行规划,并根据不同载体、不同类型的特点,收集不同的信息资源,有计划、有目的地构建图书馆文化。但是注意,在丰富馆藏资源的过程中,不仅要充分考虑高校的专业设置和学科发展水平,既要有数量,又要有质量,而且要求与当前学校精神文化建设目标一致。同时,认真做好各类信息资源的整合和过滤工作,"取精去粗",及时将正能量的信息传递给读者,使读者得到有益的启发和教育,这样才能有效促进校园精神文化活动的开展,不断提高校园文化建设的水平。

(三)注重规章制度的完善

图书馆的规章制度是图书馆正常运作和工作标准化的保证,既是教育手段,又有助于营造良好的教学作风、教学环境和学习环境,也是提高读者素质、技能水平和道德修养的重要途径。因此,规章制度的制定应基于大局,以人为本,充分考虑读者利益,体现强烈的人文关怀,使图书馆文化具有一定的影响力。在这一情景下,所有师生在制度的规范功能下更好地行使自己的权利,使读者受到微妙的限制,培养读者的自制力。读者由于本身就具有自我完善和自我管理的意识和能力,并参与图书馆提供的资源和文化活动,使得图书馆制度文化建设成为寻求教师和学生共同价值追求,以及培养学生文化素质,提高图书馆文化和校园文化的有效途径。

1. 构建完善的管理制度

由于高校图书馆可以直接反映高校校园的形象。因此,高校图书馆制度必须在最大程度上反映校园的文化精神,这与教育理念是一致的,体现了高校图书馆文化建设的重要性。例如,高校图书馆员的衣着、外表、声音和态度代表着高校图书馆的素质,也代表着高校的素质;高校图书馆的设施建设也是校园文化的外在体现。这就需要图书馆构建完善的管理制度,采用强有力的制度规范图书馆员的行为,而明确的职责可以反映图书馆的发展理念,突出图书馆的精神观点,树立良好的图书馆形象,最终达到改善图书馆文化状况的目的。图书馆还必须建立相应的评估和奖惩制度。这是因为公平公正的惩罚和奖励制度不仅可以规范人们的行为、提高图书馆员的素质、为学生树立榜样以及帮助图书馆发展校园文化,而且代表着图书馆的价值观、图书馆管理员的态度以及高校图书馆未来的发展方向。

事实上,图书馆的规章制度不仅要规范馆员行为,而且要体现以人为本的服务观念。人性化的管理使每个人都可以参与图书馆的管理和发展,调动图书馆员的热情进行头脑风暴,这对图书馆的未来发展是有益的。此外,通过让图书馆员参与讨论图书馆的管理,一方面,可以倾听实践性的建议,使未来的图书馆计划更加科学;另一方面,让图书馆员认识到自身与图书馆之间的联系,赋予图书馆员强烈的归属感,从而改善图书馆员的自律性,以此来影响图书馆的自身价值和发展。

2. 制定人性化的读者借阅制度

图书馆借阅制度应体现读者的尊重和认可。由于所有图书馆工作的起点和终点都是为了满足读者的需求,即图书馆的服务模式和服务概念应基于"以读者为中心"。因此,供读者借用的人性化阅读管理系统会最大程度上满足读者的需求,更好地分配馆藏资源并为所有人提供平等服务,使读者逐渐对图书馆产生依赖。长此以往,读者接受图书馆的概念会更容易,有助于图书馆与读者进行积极互动。

第四节　现代图书馆文化建设探讨

现代图书馆文化是所有图书馆员认可并遵循的图书馆价值观、道德规范、行为准则、管理理念、管理方法以及标准和规定的总和,具有调节、凝聚、激励、辐射和教育等功能。它不仅可以促进图书馆馆藏数字化和网络管理,而且可以促进图书馆的生存和发展。此外,现代图书馆文化建设的核心是体现图书馆价值、传承历史文明、提供信息服务以及得到读者的认可,并为图书馆的生存和发展提供根本保证,包括精神文化、物质文化、组织文化以及行为文化等。目前,图书馆的文化形式可以分为图书馆内部文化和外部文化两个方面,而且必须是一个有机的整体。

一、现代图书馆的内部文化

目前,网络技术的普及和应用已达到较高水平,传统的图书借阅和归还服务远远不能满足目标市场的需求。因此,提供数字服务将是未来图书馆发展的关键。

(一)开设信息通道,推出信息产品

图书馆信息渠道是文化信息交流实现的关键部分。通过在图书馆之间建立信息网络并打开图书馆之间的信息通道,可以在时间和空间上缩短图书馆与读者之间的距离。由于图书馆是服务部门,负责开发和使用知识和信息资源,进行文化产品的再生产增加知识的价值,从而促进知识经济的发展。例如,推出高端信息服务产品,包括社会研究、特别评论、软件开发、数据库开发、产品推广以及在线咨询和信息下载,成为信息环境下图书馆的信息服务经济中一个潜力巨大的文化市场。

(二)加强制度建设,规范图书馆文化

1.人事管理制度

应根据需要科学设置岗位,通过岗位竞聘和流动,使人力资源得到优化,真正做到人尽其才,才尽其用。

2.岗位责任制

构建可以实现人人明确责任、有章可循的科学管理体系。因此,要落实以目标管理为主要内容的岗位责任制,明确管理干部和业务人员的岗位职责、岗位任务和工作规范,把一个时期的共同任务指标和岗位工作指标分解落实到岗位上,再根据工作形象表和量化考核标准,定期检查任务完成情况,综合汇总后上报馆长,作为年终考核的依据。

3.科学评价体系

在建立岗位责任制的同时,建立健全合理的考核体系。由于考核是认识人才、选拔人才的基础和依据,因而应对图书馆员按不同岗位、形式和内容进行考核,将考核结果与职称评定任用、职务晋升和物质奖励相结合。这一体系中的奖勤罚懒、优胜劣汰,可以激发馆员的积极性和创造性,促进馆员服务质量的不断提高。

4.人才培养科学体系

在长时间工作后要派图书馆员进修,并努力营造学习氛围。但要注意不应该完全依赖外派深造,而应该有一个中长期的培训计划。此外,还应要求进修归来的人员把学习经历写下来存档,并在适当范围内召开报告会,扩

大受益面,增强学习效益。

5.加大采访力度,确保文献资源质量

根据学科结构、生源数量和科研需要,选择文献资源;再根据采访情况,购买读者真正需要的图书,但书籍必须遵循三审制,确保文献资源质量,保持时效性和适用性。

6.优化物力资源

根据馆舍面积、人力资源努力实现服务的最大化。

7.加强工会工作

开展馆员人人能够参与的文体活动,配齐娱乐设施。

8.围绕各部门服务项目,突出工作技能,提高馆员业务素质,选拔"红旗手"。

二、现代图书馆的外部文化

图书馆外部文化主要是指服务理念、教育理念和图书馆价值观等教育思想的体现。我国图书馆对外文化建设的核心是儒家思想,通过外部经营者的反思,人们可以感受到图书馆文化的优良氛围。因此,优化图书馆环境可以有效促进文化建设,如加强广告牌、标语、路牌、雕像和灯光的环境装饰,并利用植被和背景音乐等方式,改善室内气氛。

(1)安全性极好。安装访问控制系统和监视系统。

(2)顺序优先。学生经常因座位问题而出现占位、座位私有化等问题,这是资源短缺造成的,也是图书馆建设中的普遍现象,但最终源头还是管理方法不到位。图书馆可以自行编制管理软件,实施图书馆通行卡系统或采用其他形式的服务模型解决此问题。

(3)儒学占主导地位。我们有必要利用中国传统的"四书五经"来美化文化环境,倡导以儒学为主要内容的图书馆文化建设。这种定位符合图书馆作为信息传播中心和文化教育中心的功能要求。

三、科技革命带来的图书馆文化变革

（一）内涵更加丰富

中国活字印刷的发明为图书馆文化的发展带来了革命性变化，而以电子计算机和网络技术为代表的现代信息技术则促进了信息时代的到来，给图书馆文化带来了巨大变革，并且这种变化仍在发生。信息技术的发展引起了数字出版业的兴起，出现了各种基于互联网的数字报纸、电子书和在线游戏，以及通过手机和各种移动终端阅读的数字出版物，极大地丰富了个人阅读多样性的需求。目前，图书馆已经形成了多种资源模型，例如，数字图书馆、在线文学、学术期刊数据库以及书包和云发布。此外，数字出版业已经形成了完整的产业形式和从内容供应、平台建设到终端服务的产业链。

（二）阅读时空观念发生了变化

现代信息技术的发展改变了时间和阅读空间的概念。无论身在何处，何时何地，只要连接到互联网，就可以通过阅读软件与其他人进行交互。从电子书的发展历史可以看出，尽管1971年电子书就已经问世，但真正快速发展和进入人们的日常生活是在2000年PDA（个人数字助理）的普及之后。过去，当人们阅读书籍时，不得不去图书馆查找，借阅并归还它们，这花费了很长时间，而通过电子书建立阅读链接，读者可以在空闲时间阅读。随着社会发展，手机阅读的人们随处可见，这在一定程度上减弱了传统图书馆的影响力。

（三）收藏和管理发生了变化

1. 图书馆信息资源的数字化

网络的建设和发展以及图书馆的数字化和数字信息资源的建设，特别是特色馆藏资源的数字化，已经成为图书馆文化的新元素。信息资源的数字化，包括所有多媒体文件的数字化，使得诸如文本、图像、视频和音频之类的数字信息可以存储在大容量光盘上，极大地压缩了存储空间并加速了信息更新和维护，减少了维护成本。此外，对于一些旧书，将其数字化后，可以永久保存并更广泛地使用。

2.信息传输网络

数字馆藏的形式提升了通过互联网传播的可能性,使数字图书馆能够超越时空的限制以及不同图书馆的地理边界,促使用户可以随时在任意位置访问对外开放的数字图书馆馆藏资源。

3.以用户为中心的服务模型

传统图书馆的重点是图书馆本身和所有图书馆组织成员。但随着数字图书馆的到来,用户可以通过优化后的用户界面、良好的搜索功能以及直观易用的人机界面轻松获取和使用信息,使图书馆管理成为读者的权威管理。有些甚至直接由作者在线出版书籍,然后读者再进行在线阅读,根本没有经过图书馆这一传统媒介。

4.高度开放和共享信息资源

数字图书馆是在网络环境中运行的开放信息系统,即通过统一的搜索门户,用户可以随时随地获取分布在不同地方的信息资源,方便用户自由共享数据资源,这表明数字图书馆使信息资源的开放和交换成为现实。

第五节 现代中国图书馆文化发展思考

图书馆文化发展的根本问题是图书馆宗旨的确立。我国图书馆文化作为文化建设的重要组成部分,决定了图书馆的宗旨必须是为人民服务,在这样的前提下,图书的保存、利用和流通、读者服务以及图书馆的开放性等都将发生新的变化。

一、现代中国图书馆文化发展面临的挑战

(一)传统图书馆受到科技革命冲击

以智能和信息技术为特征的科学技术革命方兴未艾,它正改变着图书资源的形式、图书馆的服务模式和读者的阅读体验,使传统图书馆受到了冲击。然而,数字图书馆的出现使图书资源的存储、传输和阅读跨越了时空的

界限。同时,数据库企业和出版社在为图书馆服务的同时,也直接为读者提供服务,让有条件的读者可以不去图书馆就可以获得资源,对传统图书馆的依赖性越来越小。此外,随着科学技术的发展和人民生活水平的提高,人们使用智能手机和移动终端阅读的比例越来越高,门户网站、网络论坛、博客、微博、微信以及自媒体等平台为读者提供了大量阅读资源,丰富了读者的阅读体验,但同时也占用了读者的阅读时间,使得他们没有更多时间和热情去图书馆借阅。虽然传统图书馆,特别是公共图书馆、工会图书馆、科研院所图书馆等的建设越来越好,图书馆的资源、计算机、网络、管理软件等设施也越来越好,但由于诸多阅读软件的开发与应用,读者仍旧很少去图书馆。

(二)图书馆发展不平衡

从图书馆纵向结构看,大型高校图书馆和公共图书馆集中在县级以上城市,这些图书馆往往规模大、设施先进且馆藏资源丰富,既有传统纸质图书,也有数字图书,甚至配有专业的管理和服务人员;而县级以下的图书馆,由于经费紧缺、图书馆建筑简陋以及馆藏资源稀缺且设施简陋,有的甚至连网络都没有,因此更谈不上专业的管理和服务人员。从图书馆的横向看,东部发达地区的图书馆建设良好、馆舍庞大、购置资金充足、软硬件设备先进以及管理和服务人员专业;而中西部地区,特别是革命老区、少数民族地区、边疆地区和贫困地区,图书馆建设落后、经费不足、设施简陋粗制滥造以及缺乏专业的管理和服务人员。

(三)资源不平衡

我国图书馆由公共图书馆、学校图书馆、工会图书馆和科研院所图书馆等类型的图书馆组成。然而,这四类图书馆之间缺乏有效的资源共享机制,未能充分发挥馆藏资源的共享功能,这实际是一种资源的浪费。因此,如省、区、市(级)公共图书馆与地级公共图书馆之间,地级公共图书馆与县级图书馆之间,县级图书馆、文化中心与乡镇文化站之间,农村书屋之间,需要建设一个有效的图书资源共享机制,只有这样才能充分发挥图书资源的积极作用,解决乡镇文化站、农村图书馆馆藏资源紧缺的问题。

二、现代中国图书馆文化发展面临的机遇

(一)党和国家高度重视

由于图书馆文化的发展对建设学习型社会具有重要作用,因而党中央提出建设学习型社会,指出了图书馆文化发展的方向,这是图书馆文化发展的重大机遇。2011 年 11 月 18 日,党的十七届六中全会决定强调"具有著作权的文化产品免费用于公共文化服务,以建设图书馆、社会免费开放服务和完善国家数字图书馆建设""加强县级文化馆、乡镇综合文化站、村级文化室建设。深化广播电视、文化信息资源共享、农村电影放映以及农村书屋等文化惠民工程建设,以扩大覆盖面、消除盲点、提高标准以及改进服务和管理"①。

目前,国家高度重视社会文化的大发展大繁荣,其中图书馆文化作为公共文化服务体系的重要组成部分,党中央、国务院予以高度重视,要求完善农村图书馆书刊的补充和更新,建立城乡公共文化服务联动机制;以县级文化馆和图书馆为中心,推进总馆和分馆体系建设;加强农村图书馆的整体管理,实现城乡社区公共文化服务资源的整合和互联。② 此外,公共文化服务机构还要为残疾人提供无障碍设施,实施盲文出版项目,开发视听读物,建设有声图书馆,以人民群众基本文化需求为导向,围绕看电视、听广播、读书看报以及参加公共文化活动等群众基本文化权益,统筹实施全国文化信息资源共享、数字图书馆博物馆建设、直播卫星广播电视公共服务、农村数字电影放映、数字农家书屋以及城乡电子阅报屏建设等项目。

(二)经济持续快速增长

经济基础决定上层建筑,上层建筑又对经济基础作出反应。图书馆文化作为上层建筑的一部分也是如此。目前,中国国民经济蓬勃发展,经济总

---

①　新华网:《中共中央关于深化文化体制改革推动社会主义文化大发展大繁荣若干重大问题的决定》,2011 年 10 月 18 日。

②　新华网:中共中央办公厅、国务院办公厅:《关于加快构建现代公共文化服务体系的意见》,2015 年 1 月 14 日。

量迈上了新台阶,综合国力和国际竞争力显著增强,经济的持续快速增长促进了图书馆文化的发展。一是城乡居民收入增加,在满足温饱、住房、交通等基本生活需求后,有了进一步的精神需求。他们将更多时间和精力投入阅读书籍,且有安装宽带、购买电脑、手机以及电子阅读器等设备的经济能力;二是随着国家综合实力的增强,政府将对图书馆、文化馆、文化站以及农村书屋的建设投入更多的资金;三是阅读水平提高了人民群众科学文化素质,同时人民群众科学文化素质的提高,使人民群众的阅读量进一步增加,阅读内容更加广泛,阅读行为更加活跃。

(三)科学技术日新月异

"科学技术是第一生产力"。科学技术的进步极大地促进了生产力的发展,已成为生产力解放和发展的重要基础和标志。同时,生产力的提高也带来了生产关系的重大变化。由于人工智能、机器人、物联网、自动驾驶仪、3D打印、生物技术以及量子信息等一系列技术的进步,使得智能化、信息化成为新时代的主要特征。在此背景下,提出了"互联网+"行动计划,这将为中国图书馆文化发展带来机遇。

(1)图书内容丰富形式多样。数字书籍提供的信息可以是文字、图像、音频和视频。与传统图书相比,数字图书具有大容量、使用方便、个性化定制、无限复制以及网络接入便利等特点,降低了图书资料的传播成本,节约了资源,打破了时间和空间的限制。

(2)图书馆的建设和服务更加科学高效和人性化。随着信息技术的应用,改变了图书馆图书的收集、收藏、管理和服务的模式。其中,数字图书的使用要求图书馆建立相应的数字资源管理平台、客户机、宽带网络以及无线局域网等,图书馆的服务模式趋于以管理为主,读者阅读具有较大的自主性和主动性。这一服务模式的转变解决了传统图书永久保存的困难,节约了书架、图书馆电子阅读器设施等的成本,突破了套书数量的限制,降低了馆藏更新的成本,节省了读者检索和借阅图书的时间。

(3)读者获取图书资料更加快捷。数字图书的出现为读者提供了大量的图书和资料,读者可以根据需要自由选择;改变了读者的阅读方式,可以通过电脑、手机和移动设备等进行阅读;为读者提供了便利的阅读途径,即可以通过门户网站搜索引擎、社交媒体(如名人博客、网络论坛、微博以及微信等)等方式获取图书资料,不受时间和空间的限制,将大大促进公共文化服务的范围,更有利于推动革命老区、民族地区、边疆地区以及贫困地区公共文化建设实现跨越式发展,更有利于保护老年人、未成年人、残疾人以及农民工等特殊群体的阅读权,为农村留守妇女儿童和困难群众等提供阅读机会,甚至为全民读书提供了可能。

三、发展中需要解决的几个重大问题

(一)著作权和隐私保护

如今,信息技术的蓬勃发展,使得除了传统的图书馆借阅外,读者还可以通过互联网、手机和移动阅读设备访问图书资源,这种趋势越来越流行。这一流行趋势有利于将作者出版的图书通过扫描上传到网络后,连续复制和传输,用户无须支付任何费用,但存在一定的危害,即对原著的修改不需要得到作者的认同,存在着作者版权与公众利益的矛盾。因此,如何协调作者利益与公众利益是一件困难而紧迫的事情。

此外,由于读者在使用数字图书、阅读网站内容、登录微博以及微信等社交媒体时,都会留下记录。在此基础上,一些企业和个人可以通过大数据技术分析挖掘收集读者信息,窥视读者隐私。当这些信息因商业利益的驱使被不法分子利用,即向读者推送广告、拨打销售电话、向读者发送虚假信息时,会影响到读者的正常生活,也影响到读者的隐私保护。这是维护群众和谐友好阅读环境必须解决的问题。

(二)自媒体的自律和规范

在互联网广泛应用之前,我国的公共媒体主要是电视、广播、报纸、杂志以及书籍等,媒体信息传播的内容和方式可以受到有效监督,即媒体行为必须在法律允许的范围内。因此,媒体在协调社会关系、监控社会环境、文化娱乐、育人、传递信息以及弘扬社会价值等方面发挥着重要作用。随着科学技术的进步,信息的传输越来越方便和高效,突破了时间和空间的限制:读者由被动、单向的信息接收逐渐转变为主动、互动的信息接收;媒介传播方式由广播传播逐渐向精确、定制化以及推送传播转变;读者不仅可以通过互联网、手机等终端方便地接收信息,而且可以共享接收到的信息,还可以通过手机终端拍摄、扫描和创作等方式将信息发布到网络上。这一模式下读者既是接受者,又是发布者,自媒体应运而生。

虽然自媒体传播方式具有独立性、普遍性和私密性,但有些内容有明确的信息来源和法律来源,有些内容却没有。首先,这种交流行为丰富了信息资源,为读者提供了多种选择;其次,它也产生了大量虚假甚至恶意信息,使事实颠倒,给读者带来困惑,不利于社会的和谐发展。因此,自律和规范自媒体行为是非常重要的。一方面,要引导自媒体形成良好的自律规范,倡导自媒体实事求是,自觉践行社会主义核心价值观;另一方面,要探索从技术、制度、法律等方面规范自媒体传播行为的监管方法,使其与社会主义核心价值观相契合。

随着科学技术的进步和便捷的通信方式,娱乐活动遍布我们生活的各个方面,使得生活更加丰富多彩。在公共汽车上,以及在食堂、车站和机场中,随处可见人们通过手机阅读的现象,因而图书馆应在图书资源上下功夫,努力提供正版的数字图书,提高群众的阅读水平。

(三)图书馆的共享机制建设

在计算机和网络技术广泛应用之前,图书馆的共享功能主要是基于馆际互借和书目交换;计算机和网络技术的广泛应用之后,图书馆共享功能被赋予新的意义,即利用现代信息技术对图书馆的图书资源进行存储、检索和传递,进而为全社会读者提供更加便捷的服务。

第一,图书馆共享机制的构建是图书馆文化发展的客观要求。一方面,图书馆可以节省人力资源、物力资源和财力资源,提高图书资源的传播效率,满足更多读者的需求,并通过图书资源共享实现社会效益最大化;另一方面,高校中有许多的学科和专业,且学科交叉多、综合性强,单个图书馆的数据往往不能满足科研的需要,图书馆的共享机制能为其提供帮助。

第二,图书馆共享机制的构建是由我国国情决定的。我国幅员辽阔,广大中西部地区的图书馆建设滞后,设施简陋,人才匮乏,并且图书资源十分有限,图书馆共享机制的建设正好可以跨越时空的限制,满足中西部地区的阅读需求。因此,图书馆共享机制建设既有利于实现全民平等、公平阅读,又有利于实现文化共建共享,以促进社会文化的大发展和大繁荣。

近年来,我国图书馆共享工作取得了许多成绩,但没有统一的数据库标准和资源共享技术标准,因此,在图书馆未来的发展中,应建立统一规范的数据库和资源共享保障体系,发布统一的技术标准,力争用最少的投入,产生最大的社会效益,避免图书馆之间的碎片化和资源浪费。

第三章 儒家思想与图书馆文化建设

图书馆传递了许多文化因素。例如,汉朝的刘翔总结了书籍和文化经典;在明末清初,孙庆增在《藏书纪要》系统地讨论了书籍的购买、定价、复制、整理、装订、分类和收藏,并对中国古代书籍的收藏技术进行了全面的概述和总结,这对于当今图书馆资料文化建设的价值证明来说,仍然具有参考意义。中国文化源远流长,因而必须认真探索与图书馆有关的许多文化因素,其中儒家思想作为中国传统文化的主流,其思想文化对当今图书馆文化的建设具有重要意义。

第一节　儒家思想的相关理论

一、儒家思想

(一)主要内容

儒家思想是中国传统文化的核心,具有深远的影响。其中,代表人物孔子一直是真正的智者,是人们心中圣人的化身。孔子与人交往的思想,也是先辈们遵循的一种规范,《论语》中所记录的故事,也深受人们的推崇;孟子则是儒家思想的继承者。儒学又被称为孔孟之道。

(1)"仁"不仅是儒家思想的核心范畴,也是处理人与人之间关系、实现和谐的基本原则。在儒家经典中,"仁"出现的次数很多,定义也很多,但其本质是"爱",体现了人与人之间最真诚的情感原则和深厚的关系。然而,儒家的"仁爱"思想与墨子的"双爱"理论和西方基督教的"普爱"精神有着根本的不同。儒家认为,每个人都有一种爱亲人的自然情感,即人们先是爱自己的亲人,然后再逐渐把自己的爱扩展到陌生人,从而达到"为民造福"的"仁"和"圣"。这种从孝道到博爱的过程,是一个逐渐延伸的"亲仁"过程。仁爱思想可以说是一种早期朴素的人文主义思想,对后世建立"以人为本"的管理模式具有重要影响。

"人无礼则不生,事无礼则不成,国无礼则不宁"。因而,"礼"在儒家伦理中也占有重要地位。它是与"仁"密切相关的另一个重要范畴,也是儒家处理人与人之间关系、实现和谐的重要原则。"礼:经国家,定社稷,序民人,利后嗣者也",儒学中的"礼"是指协调个人与社会关系的规章制度和道德规范,是社会行为的规范和秩序。儒家文化强调用"礼"来规范和约束社会各阶层人的行为,以免产生对社会造成危害的行为。这表明每个人都应该按照自己的身份和地位所规定的权利和义务行事,以平衡各种社会关系,达到和谐的目的。也就是说,"礼尚往来,和为贵"。然而,儒家礼治的最终目的是"仁",今天的民主社会虽然不同于封建社会,但仍然需要适应现代社会所要求的稳定社会秩序的目的。就"礼"而言,它仍然是维护社会秩序、协调人与人之间关系、使社会生活和谐稳定的一种重要方式。

（2）儒家思想强调个人修养、德才兼备、艺术勇敢、文化品质之美以及全面和谐发展。这表明儒家教育非常重视一个人的修养,诸如"见贤思齐,见不贤而内自省也"和"吾日三省吾身""修身养性"的重点都是提高一个人的综合素质。《大学》中列有八项:"格物、致志、诚意、正心、修身、齐家、治国、平天下",它不仅指出了修身养性的范围,也指出了治国之道。此外,孔子十分重视学生综合素质的培养和发展,提倡以"礼、乐、射、御、书、数"六艺为教学内容,不仅涉及哲学、历史、文学、音乐、礼仪、为人民服务和治国理政等方面的知识,而且也有实际的教学内容,为现代课程与教学改革提供了丰富的历史经验。

（3）儒家主张自强不息,治国理世、利民。儒家认为,人应该以积极的态度面对社会,关心民生,在维护国家利益中实现个人生命价值。孟子提出

"天将降大任于斯人也,必先苦其心志,劳其筋骨,饿其体肤,空乏其身,行拂乱其所为,所以动心忍性,增益其所不能"。"天行健,君子以自强不息;地势坤,君子以厚德载物",强调了人要以天地为榜样,自强不息,锐意进取,以大德待人。此外,儒家"以天下为己任",主张"天下为公",又表明每个人都要对国家的兴衰负责。这些思想对我们民族不屈不挠的进取精神的培养有着积极影响。

(4)儒家提倡终身学习。儒家认为,教育应该贯穿于人的一生。孔子说:"吾十有五而志于学,三十而立,四十而不惑,五十而知天命,六十而耳顺,七十而从心所欲,不逾矩。"这表明只有终身学习才能不断充实和完善自己;荀子说"学不可以已",这强调坚持终身学习的重要性。这些儒家教育思想内容是我们今天构建中国终身教育体系的宝贵财富。

(二)基本特征

1. 以"仁"为核心

"仁"是儒家最高的哲学范畴,曾多次出现在《论语》中,体现了"仁"在儒家思想中的核心地位。孔子认为,维护社会稳定与和谐,首先要建立高尚的道德修养。其中,培养高尚道德修养的关键在于品德的养成,而品德的养成则在于对个人优秀行为的追求,而这些都是在"仁"的前提下实施的。正如孔子所言,"志士仁人,无求生以害仁,有杀身以成仁",表明在生活和道德面前,君子应该放弃生命,拾起仁义。随后,孟子进一步阐述了"仁"对人的重要性,他认为"仁"是人的本性,所谓"仁义礼智根于心""仁义礼智,非由外铄我也,我固有之也"。然而,人们只有通过后天的不断教育和学习,才能拓展这些高素质的品格,建设一个"仁爱"的社会。

2. 重视教育

儒家对教育的重视可以从以下几个方面来体现。首先,学习传统文化。所谓"不学诗,无以言;不学礼,无以立",而传统文化包括五经六艺。其中,五经包括"诗、书、易、礼、春秋";六艺包括"礼、乐、射、御、书、数"。其次,儒家重视学习中的积极思考,"学而不思则惘,思而不学则殆"。孔子认为,如果我们不去思考、分析和理解所接受的知识,就很难真正将其转化为现实。再次,要正确认识自身知识的局限性。所谓"知之为知之,不知为不知,是知也。",对于自己不明白的知识,应积极向他人请教,即"闻道有先后,术业有专攻""无贵无贱,无长无少"(见韩愈《师说》)。最后,儒家思想强调实践的重要性。在儒学看来,个体只有致力于实践,才能真正获得道德知识,培养道德情感,形成道德观念,最终引导道德行为;只有在公与私、对与错、善与恶、真与假以及美与丑的现实中,我们才能锻炼自己,最终达到"学无止境"的境界。①

二、儒家思想与图书馆文化建设辩证关系

(一)积极作用

首先,图书馆专业精神所倡导的奉献精神是儒家自我完善精神的体现。事实上,自我完善和勤奋精神是图书馆员的本色,这就要求图书馆员必须通过深刻理解儒家思想和加强道德修养、培养奉献精神,为用户提供更全面的专业知识和综合服务,并且图书馆员整体素质的提高是图书馆可持续发展的根本动力;其次,"以人为本"既是儒家思想的核心,也是图书馆服务的精髓,这是图书馆发展的基础。因此,图书馆必须贯彻以人为本的思想,从内部树立"以人为本"的价值,坚持用户需求作为图书馆发展的潜在动力;最后,图书馆应积极吸收儒家精神,积极开展阅读活动,并向公众提供由图书馆性质决定的信息服务。此外,图书馆还可以通过定期的教育会议和文化展览,为公众提供更好的知识,培养公众的审美品位,提高社会的普遍知识水平,促进社会和谐发展。

(二)消极作用

文化是一个复杂的系统。这表明任何单向、单方面和简化的理解都是不正确的。儒学本身是一个多维、多层次、多元内容的矛盾单元,包含积极和消极的因素,这两者都对图书馆的文化建设产生了很大的影响。例如,中庸思想的推崇不仅抑制了个人个性的发展,而且否认竞争的积极意义;整体

---

① 安秀明,张荣山.浅析儒家思想教育理论的基本特征[J].河北北方学院学报,2007(06).

性使图书馆员过于依赖图书馆,这限制了图书馆员的独立性和创造力;强调制度和法律不利于图书馆系统的管理,导致对人才吸引力不充足;传统以正义为重点的思想迫使人们放弃对合法权益的相应追求,使图书馆无法适应当今社会的发展。

三、儒家思想的启示

儒家思想作为中华文化的骨干和核心,源远流长,对中华民族有着深远的影响,并实现"以人为本"理念的目的、方法和意义,解释了"仁"和"礼"之间深厚而丰富的哲学意义。两千多年来,儒家一直被誉为东方文化的灵魂。尽管儒家思想在现代社会中受到了批评,其实质却根植于民族心理和民族素质中,影响了我们的思想和行动,并被广大人民群众所接受并使用。特别是在亚洲一些国家和地区,中国儒学在与西方文化融合中重新焕发了活力,并在这些国家和地区对其经济发展和社会生活产生了巨大的积极影响。历史与现实都告诉我们,要想实现现代化,实现中华民族伟大复兴,就不能忘记历史,摒弃传统。因此,在当今多元文化形势下,图书馆应牢牢理解文化的支持点和起点,决不能盲目模仿外国文化,而是应该在发展自身文化的前提下努力学习彼此的长处,以此来迎接时代的挑战和要求。

文化的本义是"文化教育"。文化作为人类的一种独特现象,具有广泛的内容和巨大的影响,不仅会通过社会心理、社会结构和社会秩序的作用影响社会发展,而且会推动社会发展。作为保存和传播人类知识的社会机构,图书馆的发展也受到文化因素的影响。综上所述,儒家思想在中国文化中的重要地位和作用必将影响中国图书馆事业的发展;从哲学的角度来看,图书馆和儒家的核心价值属于上层建筑范畴,这意味着我们可以重新审视和理解儒家的本质,并以此来指导图书馆文化建设。

四、儒家思想对图书馆事业发展的意义

儒家思想文化和儒家文化精神是中国传统文化的重要组成部分。在儒

家思想文化中,"仁学"是核心,"和谐与差异"是深层哲学,"人与自然的和谐"是基础,这三者构成了儒家文化精神,不仅具有智慧性,而且具有策略性。这种社会的人文精神、美学勇气和兴趣对塑造中华民族精神产生了巨大影响,并一直延续到今天,为丰富和发展世界文化做出了杰出贡献,并成为世界文化的独特组成部分。如今,人类文明与人文精神的本质有机结合在一起,解决了社会各个领域的人文问题,这恰恰体现了儒家文化精神的当代价值。一方面,服务是图书馆工作的永恒主题,儒学"以人为本"是图书馆服务的核心;另一方面,图书馆员的形象和服务态度直接影响图书馆服务质量,是图书馆人文精神的直接体现。

(1)以人为本的中心思想是图书馆文化建设的基础。以人为本是儒家文化精神的核心。儒家认为人是世界万物的精神,并认为价值的源泉在于人的内心,每个人都有能力珍视自己。社会价值体系则是个人价值体系的延伸,可以规范个人价值体系。因此,它必须以儒家文化的人文精神为基础,并在图书馆建设和发展的整个过程中加以执行。

(2)儒家自我完善精神是图书馆工作奉献精神的具体体现。儒家文化源远流长,其捍卫的自我完善精神实际与艰苦奋斗精神息息相关,这也是图书馆员的特质。随着科学技术的飞速发展和社会能力的日益增强,每个图书馆员都必须表现出自我完善,拼搏和奉献的精神,并将其注入图书馆文化事业中,这样才能促进图书馆整体事业的发展。

(3)入世精神是图书馆最主要的精神内涵。儒家所谓的入世精神是对生活的态度,这种态度反映在积极参与当今社会的主流意识中,即主人翁精神。这表明重视馆内人员的精神世界是图书馆发展的基础。以人为本的"人"不仅包括服务者的馆员,还包括服务目标的读者。因此,人文精神和人文关怀不仅从管理者的角度,而且从图书馆员和读者自身的角度,具有深刻的服务意义。

第二节 儒家思想在图书馆文化建设中的应用

一、图书馆文化建设的误区

在加强图书馆文化建设的实施过程中,由于各种复杂情况的影响,图书馆文化建设存在着明显误区,主要包括定位不明确、馆员被动参与工作、缺乏整体规划和文化建设形式化等。

(一)定位不明确

图书馆文化是图书馆在长期实践和历史发展中,逐渐形成的物质文化、制度文化和精神文化的总和,也是一个以物质文化为基础,以制度文化为保证,并集中于精神文化的完整而有机的理论体系。但实际上,图书馆文化建设的定位还不够明确,如某些时候会将图书馆的文化与娱乐活动相混淆,或者将图书馆文化认为是图书馆的思想政治工作,没有意识到成功建立图书馆文化的关键在于与其他管理方法和手段的结合。此外,图书馆领导者没有明确他们在建立图书馆文化中的责任和领导作用,因而在建立图书馆文化的过程中,新思想不断挑战和冲击保守思想。因此,在充满矛盾、冲突和修复错误的过程中,图书馆领导者必须勇于担当图书馆文化建设改革的角色,成为图书馆文化改革的中心并促进图书馆的文化建设。

(二)馆员被动参与

当前,我国图书馆服务意识与创新能力较弱,主要原因在于在建立和发展图书馆文化的过程中,员工往往只能被动接受上级的指示,而对指示精神没有足够了解。同时,对于许多图书馆来说,图书馆文化建设才刚刚开始,没有向图书馆员提供必要的信息并进行沟通,导致图书馆员活动的被动参与。因此,自上而下和自下而上的沟通是改善员工身份的重要组成部分,否则无论系统多么出色,都很难摆脱束缚。简言之,依靠严格的规章制度强迫员工遵守法规不能称为图书馆文化,只有超越系统的力量并提高团体精神文化,才能称之为图书馆文化。

(三)缺乏战略统筹

考虑到文化建设固有的长期性和复杂性,图书馆的文化建设需要长期实践才能实现预期的目标。图书馆应客观设定短期建设目标和长期规划,短期目标为长期目标提供了基础,长期目标为短期目标提供了发展方向,两者有机协调,逐步促进图书馆文化建设。但现阶段普遍的问题是,有些图书馆只关注短期建设目标,没有制订长期战略计划,也没有将图书馆的文化战略纳入图书馆发展的总体战略计划中,甚至没有目标,造成发展战略的重要作用不能发挥出来。

(四)文化建设趋于形式化

图书馆文化建设往往是在加强物质文化建设的同时,制度文化和精神文化的建设没有受到相应的重视。因此,图书馆文化的建设不应仅限于政策和口号,而应逐步实施以人为本的关怀理念。同时,图书馆不仅是维护社会、国家和个人利益的纽带,而且是精神的寄托、文化的传承以及情感的融合;不仅为读者提供书籍和丰富资源、培养读者广阔的胸怀,而且为读者提供了实现梦想、提高知识、全面发展和温养心性的地方。

二、图书馆文化建设的必要性

(一)需要贯彻以人为本的管理理念

人文精神主要是指世界的情感因素,例如人类的想象力、激情、灵感、个性、尊严、良知、生活观、世界观和价值观等,其核心是以人为本,弘扬人文精神,即尊重、关心和维护人的情感世界。人本主义精神是图书馆文化的基础和图书馆建设的基础,这就要求图书馆必须树立"以人为本"的价值理念,实行"以人为本"的管理模式。这种共同价值取向的确立是图书馆工作中人文精神的具体体现。

(二)需要加强图书馆内部结构

团队的整体实力不可低估。只有通过构建图书馆文化,并将图书馆员的工作目标纳入图书馆总体发展计划,才能实现图书馆员的个人价值和图书馆的未来发展目标,建立统一的行为准则和标准,使图书馆员感到被接受、尊重和信任,从而有归属感。此外,图书馆领导者应重视对全体图书馆员素质的培养,并鼓励工作人员认识到实现图书馆目标就是实现个人价值,从而营造一种图书馆内部的融洽气氛。简言之,加强图书馆文化建设,有利于培养团队意识和合作精神,提高图书馆的凝聚力、吸引力和艺术力。

(三)促进和谐的人际关系

建立和谐的人际关系是图书馆管理成功的关键。另外,通过图书馆文化建设,可以增加员工交流机会和减少利益冲突,促进部门之间的协调,形成民主、和谐的工作环境,最终以员工的主动性、热情和创造力,形成一种以团队为中心的向心力。

(四)需要在图书馆中进行精神文明建设

图书馆员的专业素养和人格素质是建设图书馆文化的重要组成部分。实际上,图书馆员是服务于读者,以传播精神文明为目标,因而他们的专业素质、语言使用和仪表态度经常影响着图书馆的形象以及读者对图书馆的满意度。因此,加强图书馆的文化建设,有效改善图书馆员的知识结构,提高图书馆员的综合素质,才能最终以优质的服务为图书馆事业注入力量。

三、儒家思想对图书馆文化建设的指导意义

(一)"仁"

1."仁"与"以人为本"

孔子把"仁"视为最高的道德原则、道德标准和道德境界,"仁"即爱,提倡宽大仁慈待人。同时,"仁"也是人,《礼记·中庸》中说:"仁者,人也。"也就是说,"仁"是人的本质属性。在儒家文化中,其思想就是以"仁义"为核心,以"和而不同"为深刻哲学,构成"天人合一"的儒家人文精神。儒家以人为中心,主张"天生万物,惟人为贵",强调发现人的价值,开发人的潜能,发展人的个性,这种人文思想在任何时期都具有划时代的意义。管仲对齐桓公说:"夫霸王之所始也,以人为本。本理则国固,本乱则国危。"其中,以人

为本就是把人放在最根本的位置,表明人是社会最基本的要素,强调人在社会历史发展中的主体地位和作用。①

2.以人为本与图书馆文化建设

以人为本与图书馆文化建设紧密相连。要想把图书馆建设成为充满人文关怀和时代感的现代化复合图书馆,就应把以人为本的理念贯穿于图书馆文化建设的全过程,提高馆员的综合素质,从而提高服务质量,使其成为图书馆事业发展的新动力。

(1)在图书馆员上的运用

1)对馆长而言。在提高自身素质方面:首先,馆长要严于律己,以身作则。正如孟子所说:"君子之守,修其身而天下平"。因此,馆长必须以身作则,树立良好的管理形象,才能让馆长的正确行为具有很强的吸引力和影响力。其次,馆长应态度谦逊,宽以待人。态度谦逊,职员才会主动接近,使上下之间的信息交流渠道畅通无阻;②宽以待人则是现代馆长应有的姿态。再次,馆长还需慎言敏行,诚信为上,既要敏于事而慎于言,还必须经常总结工作,提高会议的效果和质量,并合理运筹时间来提高效率。最后,馆长须自我反省、知过必改。同样,图书馆员也应具有自省、知往直前、勇于承担责任的精神,这有利于图书馆的发展。

在人性化管理方面:首先,馆长要思想开放,善于发现和挖掘德才兼备的人才。其次,馆长要积极促进馆员之间、馆员与管理部门之间的沟通。所谓"兼听则明",即倾听他们的意见,尊重他们的想法,并在尊重自己意见的基础上,解释每一项决策的原因,促进图书馆员对决策的理解,使决策得以顺利实施。最后,馆长还应积极挖掘人才进行再利用,在图书馆工作和管理实践中选拔具有专业水平和奉献精神的优秀人才。为了赢得馆员的支持和信任,馆长还应该民主平等地对待馆员,公平地对待一切。③

除此之外,一个好的领导者应该真诚对待每一个下属。"君使臣以礼,

①　马丽芬.以人为本加强人力资源的开发与管理[J].东方企业文化,2012(11):58.

②　胡石凡.《论语》与图书馆人的管理初探[J].图书馆论坛,1999(2):51-59.

③　胡石凡.《论语》与图书馆人的管理初探[J].图书馆论坛,1999(2):51-59.

臣事君以忠"。换句话说,领导者对员工以礼相待,就会获得员工的忠诚,并且以诚信为基础,最大限度倡导以人为本,可以激发员工的最大潜能和积极性,延伸以人为本的功能。首先,领导应该从对下属的礼貌和尊重开始。用现在的术语来说,即"移情思维""以情感人""以理服人",根据儒家的"老吾老以及人之老,幼吾幼以及人之幼"的原则,在领导和馆员之间,馆员和馆员之间,充满了人的真情和爱。其次,在工作中尽量弱化等级观念,互相帮助、互相爱护,满足员工的合理要求,使员工有归属感和安全感,建立和谐友好的人际关系,以人性化管理增强图书馆的凝聚力,使馆员工作在关怀、关爱和尊重中。虽然这种"情感管理"是无形的,但它能释放巨大的社会能量。

2)对图书馆员而言。图书馆工作是一项知识性和服务性兼具的工作。因此,一名合格的图书馆员不仅应精通图书馆专业及相关领域的基础知识,能够准确、快速完成购书、分类、著录和检索等流程,而且能够根据用户的个性化需求推荐所需书目,并运用基础参考书的知识帮助读者回答问题。此外,图书馆员应始终遵循"以人为本""读者至上、服务至上"的宗旨,热情为读者提供优质服务,还应始终牢记,读者是图书馆不断发展进步的动力,如果没有高质量、高标准的服务意识,服务就没有活力,从而失去读者。实际上,图书馆员对读者的服务与儒家思想文化中提倡的"老有所养""幼有所育"的思想相似,全心全意满足读者的精神文化需求。

(2)对读者服务上的运用。图书馆服务的主体是读者,读者满意度必须是第一要务。这就要求图书馆坚持以人为本的原则,将以人为本的精神作为全体图书馆员的共同服务理念。但在为读者服务时要注意以下几点:首先,图书馆必须为读者提供舒适而安静的阅读空间,如图书馆的设计、建筑和装饰应充分体现人文关怀。其次,图书馆必须为读者提供免费的信息技能培训。通过问卷调查,图书馆可以总结读者在信息咨询中遇到的技术障碍,并根据技术难易程度不定期组织信息技能培训,帮助读者自主获得信息资源。再次,图书馆必须提供独特的网络开放服务。图书馆应充分利用信息资源,优化和更新网络服务技术,以便读者可以通过网络平台直接阅读和下载所需的文档,减少时间和空间的限制,并且使图书馆资源效益最大化。最后,图书馆应提供平等的服务,并关注弱势群体。社会成员中的弱势群体同样有权享受图书馆服务,即表明图书馆在提供各种服务时,应尽可能多地考虑弱势群体,并以热情、高效的服务为弱势群体提供支持,使他们能够享有获取书目信息的权利,这是图书馆的社会责任。[①]

(二)"敏而好学"

1."敏而好学"与务实进取

"敏而好学"出自《论语·公冶长》第五篇,子贡问曰:"孔文子何以谓之'文'也?"子曰:"敏而好学,不耻下问,是以谓之'文'也。"解释为勤奋聪明而好学,用来夸赞谦虚好学的人。这是我国传承已久的优良学习传统,也是我们引以为傲的学习品德。纵观古今,真正的大家,无一不是在学术上精益求精,不断完善认知的人。而"务实进取"这个词可以从两个方面来理解,即"务实"和"进取"。所谓"务实",就是要脚踏实地,勤勤恳恳,一步一个脚印;所谓"进取",就是不能故步自封,取得一点成绩就沾沾自喜。此外,《论语》集中反映了孔子"知之为知之,不知为不知""每事问""学而时习之"的求学思想,强调"毋意""毋必""毋固""毋我"。[②] 这表明务实与进取是辩证统一的。正是因为我们把进取精神延续到今天,才开创了科研、生产、医药等领域的新篇章,取得了令人瞩目的成就;正是因为务实的能力,才在社会的不懈发展中积累了良好的后继力量。

2.务实进取与图书馆文化建设

图书馆文化建设的目的是更好地为读者提供服务,这实际上取决于馆员的素质。因此,图书馆员的专业发展与图书馆文化的建设是相辅相成的。如今,互联网的普及和新技术的发展对图书馆员的能力提出了更高的要求,即要求图书馆员必须不断学习,更新知识并掌握新技术。另外,图书馆员在掌握专业技能的同时,必须以务实和创业的方式学习新知识,努力成为合格的服务人员。

(1)图书馆员的作用。学习与思考是相辅相成的,不可忽视。这表明若想建立高效,和谐的图书馆工作环境,关键是图书馆员必须不断提高自身专

---

① 吴建中.战略思考:图书馆管理的10个热门话题[M].上海:上海科学技术文献出版社,2005:38.

② 庞蓓.组织文化视野下图书馆员的专业发展[J].图书馆界,2012(3):30-33.

业能力。如果图书馆员不能与时俱进更新其知识储备,他们将无法理解和分析出图书馆领域的最新信息,从而不可能为图书馆的未来发展制定初步、及时和准确的计划。因此,领导必须将学习重心放在重要的议程上,经常钻研实际工作,花时间定期学习,不断提高管理技能,这也是建立声望和提高图书馆员信心的有力手段。

(2)创建馆员共享空间。根据沙因理论,真正的文化隐藏在组织成员的潜意识中。通过潜移默化地发展,组织成员相互认同,并将组织的新成员作为一种思维方式和行为方式来理解和感受彼此之间存在的问题。因此,图书馆员可以将个人的专业经验融入集体观念,通过创造区域图书馆员的共享空间来实现资源共享。例如,建立一个图书馆员博客组,在博客中,图书馆员可以记录自己的日常工作和生活,分享和传递积极的信息;可以将与基础知识和专业技能有关的讲座和报告、专题讨论会和资源上传到共享空间,不仅有助于图书馆员拓宽视野,提高学习自主性,而且为图书馆员提供了丰富的信息资源。

(3)建立图书馆员培训机制。图书馆员专业发展的培训系统必须是自下而上和由内而外的联系系统,是一个持续而系统的学习过程。图书馆员的培训可以分为内部培训和外部培训,其中内部培训的目的是加深对组织馆员的了解,并加强部门之间的沟通;而外部培训则是使图书馆员有机会访问各种文化信息资源。根据当前的信息环境和发展要求,图书馆可以制定适合图书馆发展情况的计划,鼓励图书馆员在新的竞争环境中不断进步,积极应对各种新媒体带来的挑战。因此,建立图书馆员培训体系,不仅可以满足图书馆员个人发展的需要,而且可以提高图书馆事业的发展水平。例如,上海某高校建立了"图书馆员素质计划",以提高个人素养,优化知识结构和提高服务技能。近年来,众多高校图书馆也都制定并实施了"图书馆员专业发展规划",纳入了"以人为本,读者至上,以馆员为本"的理念,以便提倡图书馆员热爱学习,发展和创新图书馆员的观念,并培养务实和企业家精神的图书馆员精神。

（三）"立足于本"

1."立足于本"与服务创新

论语里，"礼"是仅次于"仁"出现频率最高的概念，其以社会规范为视角并针对社会秩序而言的，即人人各安其位，各守其业。孔子强调"君君、臣臣、父父、子子"，强调每个人都有特定的社会角色，如若超越了这个角色便是对"礼"的践踏。"礼"在当今可引申为"立足于本"，即做好分内之事，完成本职工作。对于图书馆来说，为读者服务便是"立足于本"。然而世界上任何事物都处于不断发展变化中，使得"立足于本"与服务创新可以看成是一种辩证统一的关系。这表明只有"立足于本"才能为图书馆事业的发展打下坚实的基础，同时也只有服务创新才会不断为图书馆注入新鲜养料，推进图书馆事业的蓬勃发展。

2.服务创新与图书馆文化服务

随着信息技术的发展，图书馆应在建立馆藏一体化的基础上，逐步发展成为数据类型多样化、信息自动提供、个性化咨询服务的多功能复合图书馆。此外，个性化服务也越来越多地应用于图书馆实践中，在图书馆文化建设中发挥着重要作用。

（1）数字图书馆个性化服务丰富图书馆文化。以北京高校为例，北京高校图书馆于1997年启动数字图书馆工程。近年来，从最初的电子资源对象、网络文献传递、虚拟咨询、元数据系统研究、学术论文和学术论文特色馆藏，到包括数字资源建设在内的学科分类数字图书馆门户网站，都取得了许多突破，如统一用户认证系统服务和联合检索集成。[①] 简言之，数字图书馆为教学科研提供全方位、高质量的信息服务。此外，为了不断提高和提升数字图书馆的服务能力，满足用户日益增长的信息需求，各大高校普遍引入了信息服务业的立体结构（组织/馆员、信息资源、服务），成功推动了数字图书馆的发展。信息服务业的组织、资源和服务方式三要素是相辅相成的，为图书馆和信息服务稳定提供了动力。例如，北京高校数字图书馆在信息资源、服

---

① Long，X. Three-dimensional extension of a digital library service system［J］. Program：electronic library and information Systems，2010（44）：303-313.

务和组织结构等方面都发生了积极的变化。除北京高校外,上海师范高校图书馆、清华高校图书馆也都开发了个性化主页,以满足读者需求,为用户提供新的个性化服务,丰富图书馆应用。

当前,读者有两种类型的个性化信息需求:①一般信息需求;②临时信息需求。前者需求是作为用户的爱好或工作的要求,具有相对特定的主题,且专业性更强,可能是特定的文件或数据;后者通常是具有不确定性和普遍性的独立偶然事件。当前,图书馆以下列方式获取来自读者的个性化信息:①用户注册信息。通常,读者在进入图书馆之前必须完成各种材料,包括个人信息,研究兴趣和领域的填报等。在这种情况下,读者信息是预先获得的;②基于用户的信息查询应用程序。在进行信息咨询服务时,大多数读者必须提供几个关键字和相关示例作为预先建立的信息。基于此,图书馆完成了信息调查并提供了结果;③从用户提供的信息中提取相关信息,扩大他们的信息需求;④基于用户活动中对信息的及时需求,图书馆可以根据学科的知识或兴趣对读者的信息进行分类,为读者建立个性化的起始页面,并使图书馆成为一种文化手段。

(2)新媒体技术革新推动图书馆文化建设作为社会知识的基础,图书馆的中心任务仍然是收集和组织文献资源,主要工作方法是优化和整合资源并提供特定的服务。随着电子数字化的迅速发展,作为数字知识门户的图书馆建设正在增加,这就要求图书馆必须有能力和效率来管理学术信息资源,例如书籍的出版和学术知识期刊的建立,并保持各种类型的信息在线上流通。对于图书馆而言,如何以合理的方式应对信息爆炸、选择高度相关的信息资源以及在用户访问和使用信息时提供指导已成为日益严峻的挑战。因此,图书馆需要确定用户最需要和想要的信息,在此基础上提供的服务可以保证图书馆工作的高质量和高效率。

由于电子设备的广泛普及,特别是年轻人对新产品的搜索,给图书馆带来了许多新的挑战,因此迫使图书馆创新媒体技术。面对技术更新和网络用户激增的需求,图书馆需要掌握新的支持技术,提供经过特殊设计的信息产品和服务,整合图书馆文化建设经验,引入全面发展的馆员以制订图书馆运营计划,满足互联网读者的需求,这是因为利用新媒体扩展图书馆服务是图书馆发展的必然趋势。随着越来越多的新媒体被纳入图书馆文献信息的建设中,图书馆员应以此为契机,充分利用馆藏资源,创新传统媒体概念,并继续学习,逐渐了解掌握新媒体的知识。以重庆高校为例。2008年,重庆高校建立了西南地区的第一个移动图书馆,支持师生通过手机随时随地使用图书馆的资源和服务,包括在线电子书阅读、数字搜索和下载图书资源以及数字资源、查阅图书馆藏书。另外,通过建立读者的共享空间和建立QQ群组,为读者提供了快速有效的信息资源服务,缩短了图书馆员与读者之间的距离,为发展提供了良好的群众基础,提升了图书馆文化的潜在影响。

(四)"和为贵"与团队精神

子曰:"礼之用,和为贵。先王之道,斯为美;小大由之。有所不行,知和而和,不以礼节之,亦不可行也"(《论语·学而》)。孔子曾说,礼法的运用对构建和谐的人际关系是有价值的。这是古代圣贤和国王统治国家的方式,且大事小事都遵循这个原则。因此,"和为贵"是儒家思想中独特的思维方式和重要的行为价值标准,而其中"人和"是儒家追求人与人之间关系的目标,是人际关系的理想状态,团队精神的实质就是"人和"。

同时,儒家一方面主张"修身、齐家、治国、平天下",要把个人、家庭、国家、世界四个方面统一起来,在社会树立个人价值观,强调培养个人对社会和国家的使命感,即以世界为己任,"天下者非一人之天下,天下人之天下也",倡导"先天下之忧而忧,后天下之乐而乐"的崇高人生价值追求;另一方面,主张"二人同心,其利断金""君子和而不同,小人同而不和"。孔子这里的"和",是指在承认对立的基础上,寻求双方都能接受的解决办法,不仅能认识事物的存在和差异的多样性,而且能促进和谐与互补、求同存异,达到和谐的目的。

图书馆中存在着各种关系,包括领导者之间、领导者与馆员之间、馆员与馆员之间的关系,要想使得图书馆工作顺利进行,使许多具有不同文化程度、社会地位、实践经验、认知能力、价值观和人生观的人达到高度和谐统一,就必须营造和谐的人际氛围,倡导团结协作,继承和发扬儒家文化的自觉性和忧国忧民、爱国爱民的高度责任感,从而使领导和馆员彼此和睦相处、相互帮助。

（五）自强不息、艰苦奋斗

自强不息、艰苦奋斗是中华民族的传统美德和伟大精神，这与儒家思想源远流长有着密切的关系。孔子在他的学说中鄙视"饱食终日无所用心"的人生态度，主张"发愤忘食，乐以忘忧"（《论语·述而》），并主张努力去实践"发愤忘食"的精神；《周易》也主张"天行健，君子以自强不息"。这些都集中总结和阐释中华民族生机勃勃、前途无量的精神风貌，也是自强不息、厚德载物精神的生动体现，对中国历史产生了重要影响。正是这种精神增强了中华民族的向心力和凝聚力，培育了中华民族的独立精神。因此，要想把"自强不息"的精神运用到图书馆的管理中，就要求每一个图书馆员发扬自强不息、艰苦奋斗、敬业奉献的精神，开拓创新、奋发有为，充分调动和发挥全体图书馆员的主动性、独立性和创造性，增强全体员工的向心力和凝聚力，使"自强不息"成为民族精神的灵魂，成为图书馆发展的主流和精神动力。

四、基于儒家思想视角的图书馆核心价值

（一）研究的可行性

文化具有传承性，即文化的每一个阶段都是对以前不同阶段文化的继承和发展。我们可以从源远流长的儒家文化中挖掘出一些符合我国当前主流价值体系的精神元素，并从儒学的角度对图书馆核心价值进行分析和解读。

在我国传统文化中，民主思想对国家和社会的发展有着积极而广泛的影响。在《孟子》一书中，我们可以看到大量有关此类的论述："得天下有道，得其民，斯得天下矣""民为贵，社稷次之，君为轻""乐民之乐者，民亦乐其乐；忧民之忧者，民亦忧其忧"等。民主思想实际体现了一种"仁"的精神理念，当前的"以服务人民为荣，以背离人民为耻"，正是对这种思想的继承，反映了一种尊重人、关爱人的"仁爱"思想。以"仁爱"这一儒家文化中的精神元素，对图书馆核心价值进行阐释，不仅是对我国主流价值观的一种契合，而且有助于对图书馆核心价值的研究，具有本土化的意义。同时，引入儒家

文化中的其他精神元素,可以构建我国图书馆的核心价值观。比如,"爱民为荣,离民为耻"体现了儒家思想的"义";"以遵纪守法为荣,以违法违纪为耻",这与儒家礼教文化中所蕴含的遵纪守法观念一样;儒家文化中求知求学的传统美德体现在"以崇尚科学为荣,以愚昧无知为耻"中;而"以诚实守信为荣,以背信弃义为耻"则体现了儒家诚信文化的风范。

(二)内涵

儒家思想承载着我国主流的民族精神、传统道德和价值观,在任何时候都具有高度的社会认同感。根据儒家思想的精髓,可以从《论语》中提炼出五种积极的精神要素,即"仁""义""礼""智""信",表明图书馆核心价值是一个范畴,包含了许多要素,而不是具体的参照物。同时,人们的研究视角不同,其结论的侧重点也不同。从儒学的角度对图书馆的核心价值进行分析和探讨,得出图书馆核心价值是一个多层次、多维度的有机统一体,可以概括为五个方面,即以仁为本——平等对待读者,以义为尺——坚持知识自由,以礼而立——彰显书香氛围,以智促长——提高信息素养,以信为名——树立社会形象。其中,以仁为本——平等对待读者是核心,以义为尺——坚持知识自由是内在约束,以礼而立——彰显书香氛围是外在表现,以智促长——提高信息素养是手段,以信为名——树立社会形象则是保障。这五个方面充分说明了图书馆核心价值,以仁为本——平等对待读者在图书馆核心价值实现过程中起着关键的统领作用,与其他四个方面共同构成了图书馆核心价值的有机整体。只有践行"仁爱"的社会形象,才能获得社会对图书馆的认可和支持。

(三)功能

1.引导功能

图书馆核心价值的确立为图书馆员的日常工作提供了指导,主要包括判断、选择和定位三个环节,表明当图书馆员根据某些标准做出判断和选择时,他们需要反复斟酌和思考。图书馆员根据自己的判断做出决定,并通常选择有价值,更好的实践对象和方法,这就需要发挥中心价值取向的作用,并设定某些价值目标,以确保判断和选举的顺利实施。可以说,图书馆核心价值的五个积极要素从不同的方向指导着图书馆员的思想及言行,它是所有图书馆工作的最终目标,其作用与"指南针"相同,可以指导图书馆发展。

2. 标准化功能

在日常工作中,图书馆员会受到周围环境的影响,不可避免地产生偏离原始价值的言行。作为一个标准,图书馆核心价值不断监控和规范图书馆员的思想和言行,以保障其不偏离图书馆规定的价值取向的范围。因此,建立图书馆核心价值要从上述五个方面规范图书馆员的日常工作,并最终统一"以人为本,平等服务"的核心价值。它的内涵不仅继承了我国的文化传统,而且有助于图书馆员接受和认可,并提高行为标准功能的强度。图书馆员的核心价值观是用户至上,这就需要图书馆员认真限制自己的言行,并通过调整图书馆员个人利益与图书馆普遍利益之间的关系来为所有工作提供明确的方向。

3. 激励功能

通过建立图书馆核心价值观,激发图书馆员实现目标的兴趣以及热情,使图书馆员产生自身固有的职业归属感和代入感,让图书馆员更加充满信心、热情和激情,具备顽强的拼搏精神,从而使他们的工作更加有效。同时,可以帮助图书馆员意识到自己是通过体验核心价值的内涵来实现图书馆核心价值的重要成员之一,从而不断激励自己去实践。这表明图书馆还可以通过每个馆员的巨大协同作用促进自己的发展。可以说,图书馆核心价值的建设与实现将在更大程度上巩固图书馆员的智慧和力量,推动图书馆发展更加繁荣。

第三节　儒家"礼"与图书馆文化

儒家文化是中国传统文化的重要组成部分。儒家思想通常以"礼"为准则来规范人们的行为,而社会管理则具有一定的强制性。儒家"礼"的内涵非常丰富,图书馆文化建设的应用至少涉及四个方面。

一、用儒家"礼"中的管理思想营造图书馆核心价值观

服务读者是图书馆的核心目标。图书馆价值观是指图书馆及其工作人员对图书馆工作的集体意识，是对客观事物价值的判断，对是与非、善与恶以及对与错价值的认识，以及对客观事物是否可行性的判断，即图书馆文化的精髓。图书馆核心价值观则从意识形态的深层次影响着图书馆的发展，其对于提高图书馆的凝聚力和竞争力，指导图书馆的生存和发展具有重要意义。因此，建立能够被全体员工认可的核心价值观对图书馆文化建设至关重要。

（1）用儒家"礼"的规范思想塑造图书馆馆员服务意识。"克己复礼"是儒家学说的一个重要概念，出自《论语·颜渊》一章："颜渊问仁。子曰：克己复礼为仁。一日克己复礼，天下归仁焉。为仁由己，而由人乎哉？颜渊曰：请问其目。子曰：非礼勿视，非礼勿听，非礼勿言，非礼勿动。颜渊曰：回虽不敏，请事斯语矣。"这强调了人应当按礼仪规范去待人接物。因此，在建设图书馆时，除了改变服务方法、服务内容和组织结构外，针对读者的图书馆服务还应具有一定的礼仪规范。在此基础上还要建立以读者为中心的服务理念，只有当每个图书馆员都建立了以读者为中心的意识和服务第一的概念时，整个图书馆才会都坚持相同的理念，并不断努力实现这一理念，最终可以更好地为读者服务。

（2）用儒家"礼"的约束思想塑造图书馆馆员自觉意识。孔子说："恭而无礼则劳，慎而无礼则葸，勇而无礼则乱，直而无礼则绞。"这就是说，过于顺从会疲于奔命；过于谨慎会劳而无功；过于热心会引发矛盾；过于正直会适得其反。这表明礼在人与人之间交往的必要性，如果一个人在人与人的交往中不受礼节约束，就变得不文明甚至不道德，从而导致人际关系紧张并破坏人际和谐。

由于图书馆文化不同于外部事物，例如组织结构和管理体系，都是在员工的微妙影响下形成的，并反映在员工的日常行为、沟通和其他活动中。因此，要协调领导者与图书馆员之间的关系和图书馆员与读者之间的关系，维

护图书馆文化的健康发展,就必须对图书馆工作进行理解和认识。

二、用儒家"礼"中的和为贵思想打造学习型图书馆文化

"和,谐也。"追求和谐是儒家管理的目标,以"和"为价值标准来进行治国处事,并制定礼仪制度是孔子一贯认可的做法;为政"宽以济猛,猛以济宽,政是以和。"(《左传·昭公二十年》)孔子的学生有子曾说:"礼之用,和为贵。先王之道,斯为美,小大由之。有所不行,知和而和,不以礼节之,亦不可行也。"(《论语·学而》)礼的重要作用即"以和为贵"。因此,"和谐"也是创建学习型图书馆文化的目标之一。

那么,怎样才能达成"和"的局面呢? 实际上,关于"和"的具体办法在《论语·子路》提到:"君子和而不同,小人同而不和。"何晏在《论语集解》的解释是:"君子心和然其所见各异,故曰不同;小人所嗜好者同,然各争利,故曰不和。"也就是说,在不违背主要目标的前提下,我们不应坚持一致,而是应该承认差异,并包容差异,只有重视差异,才能化解矛盾共同繁荣。

就个人而言,工作过程就是学习过程,具体来说就是无论工作在哪个阶段或时期,都必须要学习,即每个人都必须进行完成整个学习过程,这是由于没有学习就很难顺利并成功进行工作。发展学习已成为一个组织的理念和精神,它注重个体智力、集体智力的发展和组织整体创新能力的提高,而其中学习型图书馆的内涵就是从组织到个人,从整体到部门,不断学习渗透。学习型图书馆工作者有一个共同的愿望,那就是实现自我追求,把个人价值与图书馆目标融为一体。这种愿望源于个人追求的目标,但高于个人追求,是个人和图书馆价值观和使命感的体现。这一共同愿望既不是图书馆决策者的个人意愿,也不是高层通过行政手段发布的工作计划,而是个人理想与图书馆思想交流相结合的产物,从而使个人的理想与图书馆的目标更加和谐。

学习型图书馆就是要发展整个组织的学习氛围,充分发挥图书馆员的创造性思维能力,建立一个科学合理化、人性化、可持续发展的图书馆,其特征包括不仅获取知识和信息,而且高度重视人的思想,使每个员工的个人价

值都能得到充分体现,提高图书馆的创新能力。在这种氛围中,要求各级人员在尊重每一位员工思想、建议和个人价值观的基础上,履行职责,努力形成相互尊重的学习氛围。

三、用儒家"礼"中的正身思想构建图书馆管理文化

荀子说:"礼者,所以正身也;师者,所以正礼也。无礼何以正身?"(《荀子·修身》)古代的"礼"对于不同社会等级的言行都有明确的规定,要求每一个人都必须按照"礼"的规定来约束自己,使之合乎"礼"的规定,"顺乎礼义",以礼制欲。而如今,"礼"的功能已经演变成各种法律、法令和规章制度,这就要求在现代化图书馆建设中图书馆的管理者和工作人员应自觉践行科学合理的管理思想。

(一)用儒家"礼"中的正身思想构建图书馆管理者正身意识

在图书馆管理中,管理员的行为意识实际上具有重要的引导和示范作用。"政者,正也。子帅以正,孰敢不正?"(《论语·颜渊》)"其身正,不令而行,其身不正,虽令不从。"(《论语·子路》)也就是说,图书馆领导人员遵守法律规定,并严格要求自身文化素质水平,其身上自然会具备吸引力和人格魅力,促使其下属和雇员在没有动员和说服的情况下也能做某事,使其具有主动性。因此,管理者的行为符合纪律和法律规范至关重要。此外,图书馆员是一个复杂的团体,具有不同的思想和行为方式,正确的管理人选不仅是实现员工价值的必要条件,而且是实现图书馆内部和谐管理的基础,也是人格价值的体现。

(二)用儒家"礼"中的正身思想构建图书馆员的自律意识

"仁爱"是内在情绪的体现,而"礼仪"是外部行为的规范。想要行得端坐得正并受到别人的尊敬,首先必须具有"仁",只有具备"仁爱"的人才能被人敬仰。所谓"克己复礼为仁",是指限制自私的欲望并使其符合社会的规范,而限制自私的欲望使他们的行为适合社会发展,这就是所谓的"礼"。孔子说:"为仁由己,而由人乎哉?"(《论语·颜渊》)"我欲仁,斯仁至矣。"(《论语·述而》)既然正身属于"仁"的范畴,它出自人的内在自觉,要求管理者

"正己"而又"不求于人"(《中庸》),即端正自己的行为,而不苟求于人,这样就会减少交际过程中的摩擦。因此,图书馆员应该控制自己在工作中的情绪,以一种镇定和淡然的态度对待他们的工作,避免在工作中代入个人情感,这样才能减少与读者或其他同事发生冲突。与此同时,与读者交流时要善于倾听,注意读者的表达,掌握问题的关键,清晰准确地回答问题,对读者的问题要给予足够的重视,并善于处理与读者的人际关系和暴露出的问题,从而维持和谐的人际关系,提高服务质量。

四、用儒家"礼"中的尊人思想营造图书馆知识导向

图书馆文化对图书馆的知识管理活动具有至关重要的影响。图书馆知识是图书馆的重要资产,因而图书馆必须营造一种有利于知识转移、交流、融合和创新的文化氛围,以便可以有效地支持读者获取、创造、交换和使用知识。对于图书馆而言,知识文化内容包括:首先,相互信任。这是知识交流和交换的基础。其次,提倡创新。知识创新是知识管理的最终要求。最后,宽容知识型人才。这表明图书馆不仅要宽容知识型人才的过失,而且要包含他们某些方面的不足。然而,要塑造这种文化,需要有自尊和对人的尊重。

自尊而尊人是"礼"的精神,在人际交往中只有做到自尊而尊人,才不会有矛盾。《礼记·曲礼》说:"夫礼者,自卑而尊人,虽负贩者,必有自尊心,而况富贵乎!"《孝经》说:"礼者,敬而已矣"。自尊是指一个人的尊严,这意味着他对自己的尊严深信不疑。尊重他人意味着尊重他人的个性,即真正的谦卑是对人格尊严和能力的肯定,也是对他人尊严的肯定。没有自尊的人首先否认自己的尊严,就更谈不上尊重他人,因而只有遵守规则,我们才能保持自尊和尊重他人。孔子强调"不看,不说,不听,不做",就是要实现这一目标。如果一个人不使用礼节来规范自己的行为,就不能成为文明人,这将导致对他人的不尊重。因此,为了自尊和尊重他人,我们必须使用"礼"来规范和约束自己。

事实上,图书馆制定管理制度的目的是尊重且平等地对待所有人,包括

管理人员和读者等都是具有独立个性、尊严和合法权益的人士。其中,图书馆员是图书馆事业的灵魂,图书馆的所有工作均由馆员完成,因而很大程度上图书馆事业的兴衰取决于图书馆员工作的质量。因此,首先只有在管理中尊重和信任图书馆员,才能激发图书馆员的工作责任感和职业素养,并让图书馆员的工作积极、主动、快乐。其次,管理人员必须尊重图书馆员的个性发展、工作要求。最后,图书馆的工作应该受到读者的尊重。尊重图书馆员会使他们感到受到尊重和重视,他们才能以更大的热情和主人翁精神进行工作。

儒家这一学派历史悠久,是人类文明共享的宝贵精神财富。无论在什么时间,哪个领域,其包含的文化内涵、意识形态和价值取向都具有其独特的魅力和不朽的价值。它不仅对图书馆的文化具有深远的影响,而且具有重要的参考意义,是图书馆现代视野的基石。因此,图书馆有必要将儒学的独特思想运用到图书馆文化建设中,并为建立和谐文明的图书馆做出不懈努力。

第四节　儒家廉政思想与公共图书馆廉政文化建设

一、儒家廉政思想溯源及其现代价值

(一)儒家廉政思想溯源

在中国古代,"廉"与"政"原本是分开使用的,其含义也不同。"廉"是指人对待财利的一种正确态度。廉洁的基本要求是不取不义之财,不贪图不义之利,这是一种先进的义利观。在这种义利观的指导下,行政过程中行使公共权力应当具有廉洁精神。而"政者,正也",即表明为政者首先要有正直、正气和公正无私的优良政风,这样才能够"临财毋苟得"(《礼记·曲礼上》),"见利不亏其义"(《礼记·儒行》),"靖共尔位,正直是与"(《诗经·

小雅·小明》)。可见,"政"是衡量古代从政者的一种职业准则,也是为政者希望达到的一种人生境界。

"廉政"一词最早出现在《晏子春秋·问下四》里,原句为:"廉政而长久,其行何也?"可见,"廉政"一词从一开始就体现出一种从政者的品德,"夫廉耻之于政,犹树艺之有丰壤,良岁之有膏泽,其生物必油然茂矣"(《晋书·阮种传》)。从政治立场看,"廉政"已经具有了廉洁奉公、清正廉明的意思,"莅官之要,曰廉曰勤",其反义词是"腐败"。儒家廉政思想不仅提倡政治家的道德修养,而且重视政治家的道德实践。这说明政治实践者如果在修养上不做到"诚",就不能在政治上做到"德治",并把"廉政"作为"修身、治国、平天下"的基础。儒学强调从政人员要忠于职守和清正廉洁,有大公无私的政治美德。儒家廉政思想一直是我国社会"德治""王道"以及"内圣外王"的核心思想,其内容丰富而深刻,并以"以德治国"为核心,主要包括五个方面:以人为本、廉洁节俭、提拔人才、德法并举以及修身养性。它不仅对我国历史上的封建政权起到了积极的作用,而且对现代廉政建设具有重要的价值启示。

(二)现代价值

从古至今,儒家思想普遍被视为"民族意识"以及国之本质。尽管这种思想不是具有客观性的科学思想体系,但是经过多年的洗礼和历史积累,通过重新审视和吸收,仍然可以构建当前特别适合我国的政治文明。基于此,廉政建设具有重要的指导意义和现代价值。

在现代意义上,"廉政"主要是指政府人员不谋取私利,在履行职责时公平公正。从宏观上看,儒家伦理道德的重要贡献主要体现在四项思想原则上:一是儒家"服务大众,尊重忠诚"的原则,对主体赋予诚实守信的道德取向;二是为廉洁政府指出方向,以便主体解决正义与利益之间的关系;三是儒家"以人为本"的原则,形成了政府的廉政,有助于妥善管理政府与人民之间的关系,促进消除损害人民利益的行为;四是儒家的"礼义廉耻"原则,有利于促进主体的正直,创造良好的社会风气。这四种意识形态原则不仅在历史上发挥了积极作用,而且在当今党风廉政建设中也发挥了极大的作用,具有很大的现代价值。这些价值主要体现在以下三个方面:一是坚持人文主义的人文关怀,强调廉洁自律,从思想政治上防止腐败;二是加强廉政建设,从内部机制中消除腐败;三是推进文化建设,全面推进廉洁作风建设。

二、图书馆开展廉政文化建设的意义

廉政文化是廉政的道德观念和先进思想的总和,以及廉政体制、组织、制度、机制、社会环境和社会意识形态,包括有关法律法规的总和。① 在中国全面建设社会主义廉政文化的背景下,公共图书馆廉政文化建设应以政治的视角、科学视角、正确的权力观、群众社会道德精神等方面为指导。如今,在数字图书馆建设中也建立了廉政文化网络信息交流平台。因此,在图书馆的服务中,应不断渗透廉政文化的观念,加强廉政文化的教育。

从理论上讲,公共图书馆建设廉政文化的理论成果可以丰富城市和国家建设廉政文化的理论基础,并不断完善公共图书馆的理论体系,既有利于提高图书馆领导的荣辱感和公务员意识,又有利于促进廉政建设,还将促进政府的文化建设,加快建设廉政文化。因此,公共图书馆开展廉政文化建设具有重要的理论和实践意义。

三、图书馆廉政文化建设

(一)提高对廉政文化的认识

廉政文化建设作为公共图书馆文化建设的核心内容之一,在公共图书馆文化建设中发挥着关键作用。因此,如何建设廉政文化是每个公共图书馆员的使命和义务。首先,图书馆员和领导人员必须充分理解和继承儒家诚信的传统文化。其次,儒家诚信文化是一种充满活力的文化,例如“为政廉洁”“明镜高堂”和“为官清廉”,反映了儒家学者对政府廉政建设的理解。随着社会的发展和时代的进步,公共图书馆有必要仔细识别、评估和完善中

---

① 刘新华.廉政文化建设的基本内涵与价值初探[J].宁波大学学报(人文科学版),2005(2):147-150.

国传统文化中廉政的概念,以服务于当今公共图书馆中廉政文化的建设,但需要注意的是,图书馆廉政文化建设应在与时俱进的基础上进行合理的现代转型,实现儒家廉政理念的现代价值。

(二)完善廉政行为准则

儒家依靠礼节进行廉政教育,并且由于规则中包含的制度必然反映出文化的精神、价值和观念,必须采取系统和规范的形式。因此,我们必须积极建立能充分体现廉政文化内涵的反腐败制度,为廉政文化建设注入更多规范和制度内容。①

简言之,改善公共图书馆建设廉政文化的法规和行为准则是一项重要任务。在公共图书馆中建立一种廉洁和诚实的文化是一项长期的政治和文化项目,具体可以从四个方面着手建设:一是在党治理守则的指导下制定和完善廉洁治理文化;二是根据"仁"和"以人为本"的儒家管理思想制定和完善有关廉洁治理的标准;三是基于公共图书馆所在地城市的文化特点,以及廉洁职业文化的发展和完善,并以公共图书馆党支部为基础建立和谐的关系,要求党员和图书馆员发展和改善廉洁的组织文化。由于公共图书馆建立廉洁政府标准和法规与发展廉洁政府服务相辅相成,该制度可以保证服务的顺利发展,为系统的完善提供了坚实的实践基础。因此,公共图书馆必须在《中国共产党党员领导干部廉洁从政若干准则》和国家制定的有关法律基础上,以儒家廉政思想为理论指导,结合自身的管理和服务特色,制定和完善适合公共图书馆廉政文化平稳发展的标准法规。

(三)加强廉政文化的内外部环境建设

加强图书馆的内部和外部环境建设是公共图书馆建设廉政文化的前提。然而,要建立和改善公共图书馆的廉政文化,我们不仅要美化图书馆的外部服务环境,还必须优化内部服务团队。为了促进廉政文化的顺利发展,公共图书馆在图书馆建设和各部门办公环境中采取了廉洁政策,并利用活动开展促进其建设。例如,邀请省委党校的领导和教师在学术会议室进行

---

① 于长坤,刘海峰.先秦儒家道德教化思想对当前廉政文化建设的启示[J].中共济南市委党校学报,2011(2):76-78.

反腐文化讲座;在多媒体活动室宣传正面的反腐败故事、简短作品、歌曲和其他影视作品,例如电影《杨善洲》;组织书法展览(包括撰写儒家诚信思想的著名语句)和绘画儒家经典诚信故事;在打开"诚信图书馆"的页面中推荐有关反腐败的书籍和报纸。此外,还可以编写一份有关诚信的报告,编写有关诚信的警示语,并发表有利于人们生产生活的文章。这些都是优化公共图书馆内部和外部环境的有效措施,在社会上产生了良好的反响,并已成为公共图书馆和国家建立廉政文化的标准,引领了廉政文化的发展方向。

(四)建立健全廉政文化建设的工作机制

一些学者认为,建设廉政文化不仅要加强思想政治教育,而且要实现结构化。一方面,这取决于社会经济发展和民族文化水平的提高;另一方面,有必要建立民主和法治的政治体制,加强新闻和舆论的监督,并形成有效的权力制约机制。[①] 建立健全廉政文化的工作机制是可行的,应从以下三个方面入手。

1. 建立组织保障机制,建设廉政文化

图书馆将在公共图书馆总支部的统一领导和纪检部门的具体监督下,在公共图书馆全体党员和主要干部的参与下,建立组织协调制度,形成清晰协调的工作机制,并将廉政文化建设纳入日常思想政治工作中,真正实现统一规划、部署和实施。

2. 建立廉政文化制度体系

根据需要,建立和完善相关的廉洁治理体系,形成系统支持体系。这就要求公共图书馆所有成员必须学习建立党风廉政建设的有关规章制度。在此基础上,还应制定廉政文化体系,充实和完善相应的措施和监督体系,使部门全体成员重视体系、了解体系、服从体系以及遵守法规,以提高全体图书馆员的责任感和自律性,有效地进行监督,确保系统的有效实施。

---

① 胡伟.腐败的文化透视:理论假说及对中国问题的探析[J].浙江社会科学,2006
(3):57-62.

3. 建立廉政文化建设的长效保障机制

公共图书馆有关职能部门必须为建设廉政文化制定错综复杂的任务和长远目标,将廉政文化建设与干部队伍建设以思想政治工作有机结合。此外,还要注重调查和预防风险,解决公共图书馆工作中的潜在问题,进一步规范图书馆员的工作,认真审查和监督图书馆员的工作态度和行为;积极落实和推进各项工作和制度落实,使廉政文化建设实现图书馆多个职能部门管理制度化,最终实现图书馆事业的科学发展。

(五)为政以德

"为政以德,譬如北辰,居其所而众星共之"(《论语·为政》)。其中,孔子用北极星来形容领导人道德管理的重要性。这表明一个人如果不改变自己的立场,为政以德,就一定会得到民心,并形成强大的向心力和凝聚力。换句话说,以德治国更为有效。在图书馆的管理工作中,"为政以德"意味着必须诚实守信和自我修身,只有自律和良好的道德形象才能达到执政为民的效果。

1. 正己正人

身教重于言教。儒家将正直的人和正确的行为作为执政的重要内容,强调管理者的主要作用,并证明管理者的一切管理行为都对组织成员具有重要影响,这是"无形"影响。不难看出,儒家倡导的自我修正理论,是一个由内而外的过程,即从自我管理开始最终实现图书馆制定的管理目标。作为图书馆员必须以身作则、严于律己、以德报德、以德服人,如果想成为仁爱之人,则必须首先端正自己的心态;如果想成为处变不惊的人,则必须对自己的心态进行调整。此外,依靠图书馆领导者的个人魅力和才能,领导者可以影响并增强图书馆员的热情和创造力,旨在形成一个良好的图书馆文化氛围,并为图书馆的文化建设提供助力。

2. 敬事爱人

子曰:"道千乘之国,敬事而信,节用而爱人,使民以时。"(《论语·学而》)"夫子温、良、恭、俭、让以得之。"(《论语·学而》)这里的"敬事"体现了一种职业精神,表明一个好的领导应该从思想上高度重视图书馆的各项工作,具有艰苦奋斗的精神;爱人则是爱一切的人,强调人与人之间的和谐关系,即如果你爱别人,别人也会爱你,只有这样才能保持人与人之间的协调和社会的稳定。中国有句古语,"投之以桃,报之以李"。因此,在图书馆管理中,要求领导真心对待和关心员工,最大限度地调动他们的积极性,使他们全身心地投入工作中。

3.己欲立而立人和己欲达而达人

子曰:"夫仁者,己欲立而立人,己欲达而达人"(《论语·庸也》)"己所不欲,勿施于人"(《论语·颜渊》)。解释为仁慈的人们不仅要使自己安居乐业还要关爱大众的生活,自己要通达行道,也使别人通达行道;自己不想做的事情也不要强制要求别人去做,这是"仁"的最高形态。仁爱精神有利于为人处世,通俗来说就是"以己待人",我们必须严格要求自己,正确对待他人,必须在为自己着想的同时也要保障他人利益;不仅只在意自己的利益,还应该考虑他人的利益。在图书馆管理中,有必要协调领导者与下属的关系,使领导者始终考虑图书馆员的利益,以减少工作人员的怨恨,增强团队凝聚力、奉献精神和工作热情。从领导到员工,我们都可以弘扬相互尊重、相互理解、相互信任、相互包容的精神,营造和谐的工作氛围。

第五节　加强图书馆文化建设措施

要加强图书馆文化建设,必须从物质文化、制度文化和精神文化三个方面入手,并树立正确的图书馆价值观,加强图书馆法制建设,体现人文关怀。

一、加强图书馆物质文化建设

为了加强图书馆物质文化建设,应从图书馆文化、馆藏文化和环境文化三个方面进行,为用户提供更加便捷舒适的阅读体验。在图书馆文化方面,图书馆必须以"朴素,庄重,大方"为主题,营造出独特的文化氛围,不提倡夸张奢华的风格和富丽堂皇的建筑特点,还应充分考虑弱势群体的需求,完善图书馆的配套设施,体现人文关怀。

在馆藏文化方面,必须通过增加纸质资源和数字资源来提升馆藏,丰富馆藏内容并满足用户个性化知识的需求。因此,图书馆应在数字馆藏领域,特别是在文化、历史和艺术领域增加资本投资,并培养用户对民族文化的热爱,加深对历史和艺术的理解。

在环境文化建设方面,应该为用户提供安静、舒适和放松的阅读环境,并营造简单优雅的文化氛围。因为图书馆干净、优雅、舒适和整洁的内部和外部环境可以给读者以良好的感受,并赋予他们审美享受,让他们感受到图书馆精神文化的内涵。此外,图书馆员应树立热情务实的工作作风,真诚对待每一位读者,拉近读者与图书馆之间的距离,让读者享受阅读。在此基础上,图书馆应定期组织和开展教育会议、学术报告和书画展览等活动,培养读者的阅读兴趣和人文素养。例如,吉林省图书馆组织了一次"书籍修复培训"活动,以帮助学校志愿者加深对书籍修复的理解,并普及书籍保存常识。

二、加强图书馆制度文化建设

一方面,应加强图书馆制度建设和法制建设;另一方面,加强图书馆人才队伍建设。鉴于儒家"重情轻法"思想在图书馆文化建设中的消极影响,图书馆应重视法制建设,并应把制度文化的科学建设与合理的规章制度相结合,形成图书馆的核心价值,这是图书馆事业稳定发展的前提和保证。要加强图书馆制度建设,必须从以下几个方面入手。

第一,必须加强领导能力,塑造图书馆的创新文化。图书馆制度应是高度标准化的,具有强制性和稳定性。在传统意义上来说,图书馆首先强调稳定性,而在现代图书馆文化建设中,图书馆技术的快速更新,预算限制制度,行业内外的竞争以及许多其他因素都会影响图书馆的稳定性,需要图书馆领导主动管理。图书馆的领导人员是图书馆文化建设的关键,必须运用儒家的"礼"来建立管理层的诚信意识,即要求管理者的行为符合规章制度和法律规范,这是因为图书馆领导者是图书馆价值观的倡导者和培育者,也是图书馆价值观的引导人员。只有在领导的正确决策下,才能根据图书馆自身发展的特点提出改革的方向,同时保持相对稳定的体制。

第二,建立健全人事制度。要想按照"公平、公正、公开"的原则选拔人才,消除裙带关系和依附关系,图书馆必须制订清晰的发展计划,并根据发展计划组织人员进行后续调整。此外,图书馆人员制度必须建立在制度规则的基础上,体现人文关怀,并在图书馆中营造和谐的文化环境。同时,图书馆文化建设的基础在于人,健康的人际关系是图书馆文化建设和精神建设的润滑剂,必须努力建立和谐的人际关系,提高集体荣誉感。在这个过程中,儒家关于"礼"中的自尊和尊重以及"以和为贵"的思想可以被用来指导构建和谐的人际氛围。此外,在图书馆中,领导和图书馆员、图书馆员之间彼此亲密和相互支持,有助于减少管理和沟通成本。因此,在为读者服务时,图书馆员必须学会控制自己的情绪,以镇定的态度对待工作,避免冲突,从而建立良好的长期关系。

第三,建立科学评价体系。一方面,科学评估系统的建设提高了图书馆员的热情,并激发了他们在图书馆追求更高的职业目标;另一方面,图书馆制度也具有限制性作用。

图书馆优秀的团队和高素质的人才是加强图书馆文化建设的重要保证,也是图书馆健康发展的关键。

图书馆人才作为一个有机整体,具有共同的价值观和目标,可以在工作中与上级领导保持高度合作,并获得充分的肯定和信心,还享有个人发展权。因此,图书馆一方面要加强人才队伍建设;另一方面要重视人员素质的培养,提高图书馆员的整体素质,充分调动图书馆员的工作积极性,鼓励图书馆员积极参与图书馆管理和决策,发挥其潜力,合理分配人才。图书馆员作为知识的导航者,不仅应为读者提供方便、高效的信息服务,还应引导他们形成健康、积极向上的阅读心理,养成良好的阅读习惯,并帮助读者改善自己的阅读习惯,提高阅读素质。[①]

---

① 李叶红.图书馆文化建设刍议[J].淮海工学院学报(社会科学版·社会经纬),2011,9(24):49-50.

三、加强图书馆精神文化建设

第一,加强图书馆精神文明建设。首先,必须树立正确的图书馆核心价值观,提高图书馆的知名度和影响力。图书馆核心价值观是图书馆的价值取向和标准,是图书馆员对图书馆生存和发展目的以及重要性的理解和评价,决定了图书馆文化的质量和必须遵守的标准,最终形成了影响深刻的图书馆文化。[①] 具体来说,应以图书馆的核心价值观建设为图书馆文化建设的起点,结合发展规划,完善适合图书馆发展的价值观,并在整个图书馆的工作中实施。其次,加强图书馆的宣传,树立良好的图书馆形象。它是图书馆文化的广告,也是图书馆服务的保障。可以组织各种活动,同时借助互联网建设图书馆相关网站,向读者展示图书馆的文化,并帮助读者理解和使用图书馆数字资源。最后,开展相应的培训活动。在图书馆进行图书馆员的培训可以提高图书馆服务的质量,并提高图书馆的活力。[②]

第二,加强图书馆的人文关怀。以人为本的文化建设作为图书馆文化建设的中心环节,促进了图书馆与公众的良性互动。同时,人文关怀是图书馆精神的核心,主要体现在读者和图书馆员的互动交流中。对于读者而言,图书馆坚持"顾客满意至上"的服务理念。在工作中,图书馆员从读者的角度考虑问题,更新图书馆的资源,简化工作程序,延长开放时间,实现免费服务和资源共享。此外,还建立了特殊设施,为弱势群体和特殊群体提供方便快捷的综合服务,确保读者平等享受图书馆资源;建立读者多层次反馈机制,积极听取读者的意见,及时完善发现的问题。[③] 当对待图书馆员时,图书馆也应体现人文关怀的管理概念。由于图书馆员是为社会用户和读者提供服务的主要中介,也是图书馆文化的载体,因此应充分考虑图书馆员的个人

① 王海茹.图书馆服务文化的内涵与建立[J].图书情报工作,2009 年增刊(1):139–141.

② 王彪.图书馆馆训调查分析与问题思考[J].晋图学刊,2012(02):48–51.

③ 沈宏斌,刘芷新.浅论图书馆文化建设[J].科技情报开发与经济,2010,20(13):65–66.

发展,尊重馆员个人价值的实现,为馆员提供学习和研究的机会,动员馆员参与图书馆的管理,甚至参与制定决策,加强馆员之间的沟通,建立有效的激励机制和分配制度,积极开展各种文娱活动,满足馆员自我价值实现的需要。上述措施可以使图书馆员提供主动热情和优质的服务,从而使读者与图书馆之间的距离更加亲近,有助于塑造图书馆的良好公众形象,增强公众信心,为图书馆创造良好的文化环境。

第三,加强图书馆服务建设。在图书馆长期工作实践中,形成了"读者至上,服务至上"的核心价值观。这一服务理念既是图书馆生存和发展的指南,也是图书馆文化和物质层面形成的思想基础。由于图书馆服务建设是构建"以人为本"的文化图书馆体系的基础和关键。因此,为了加强图书馆服务建设,必须树立以顾客满意为基础的服务体系,以实现可持续发展的重要战略。

具体来说,应以用户为中心,了解用户的内在和隐性需求,维护用户的合法权益,实施与用户关系的管理,努力满足每个用户日益个性化的需求。此外,还应将用户视为图书馆的永久资产,与用户建立长期和谐的合作关系,最大限度地利用用户与图书馆的关系,建立"用户至上"的理念,加强信息资源建设。只有这样才能使图书馆提高服务水平,扩展服务功能,提高馆员素质,促进图书馆管理文化建设,为读者提供优质、便捷、高效和人性化的服务,提高图书馆的核心竞争力。首先,图书馆和每个馆员都具有良好、宽容、善良和平等的人文素质,并且必须为读者提供高质量的信息服务。其次,图书馆及其馆员必须考虑到他们的社会责任、历史使命、图书馆的服务定位以及现代图书馆的"五项原则"。这也是"以读者为中心"图书馆文化的根本灵感。

孔子的"克己复礼"概念提倡"约之以礼"的思想,与图书馆的核心价值有许多相似之处。因此,图书馆的"以读者为中心"的核心价值要求图书馆员在提供服务时具有积极的服务意识和真诚的服务态度,并始终坚持从外而内的服务理念。综上所述,图书馆与读者之间建立积极互动的关系,有利于图书馆建设科学、健康以及优良的文化氛围。

第四,树立终身学习的思想。孔子一生致力于教育事业,即悦于学而乐于教且治学态度非常严谨,而谦虚、勤奋和爱心是他深刻思想发展的基础。根据从古至今的典籍所记载的历史过程,孔子的育教思想体现了各地人文关怀的宝贵精神,对建设学习型图书馆文化具有积极的意义。同时,图书馆良好的学习环境将从根本上提高图书馆员的整体素质,有效提高服务质量,并促进读者养成良好的学习习惯,从而促进学习型社会的形成。这是图书馆实现可持续发展的必然要求,也是最大限度发挥图书馆员的创新思维能力,实现图书馆自身价值的有效途径。

此外,建立图书馆的学习文化也有利于团队精神的培养。图书馆的学习文化不仅有利于个人能力的发展,而且还提高了团队的创新能力。面对新形势,图书馆迫切需要通过团队提高学习能力,而进行学习的过程实际也是图书馆员实现共同目标的过程,有利于解决图书馆改革和业务发展的需求。事实上,图书馆的文化学习是个人理想和图书馆理念相结合的产物,并且是个人和集体进步的动力来源。

四、其他措施

(一)坚持图书馆文化建设的意义

文化作为国家综合国力的一种体现,是国家"软实力"的体现,也是一个国家历史发展的内涵和长期凝聚形成的价值观念,实质上就是国家实力的关键展示部分。在现代化发展阶段,"文化软实力"的提升成为复兴我国传统文化的有效途径之一,在全球化背景下发展文化不仅是必要的,而且有助于我国对图书馆文化发展的新认识和新判断。

作为发展"文化软实力"过程中的重要载体,图书馆发挥着存储文化和传播文化的积极作用。然而,由于科技和社会发展迅猛,以传统信息服务为中心的图书馆已然不满足现代社会的要求,图书馆文化的科学化进程成为现代发展图书馆文化的重要发展方向之一,这是我国图书馆发展的重大转折点。要想构建优秀的人文社会环境,除了要进一步发展图书馆的和谐文化,还要充分发扬图书馆所具备的文化功能,以此来融合和传递优秀文化,进一步促进国家文化软实力的全面宣传,提升国际知名度。换句话说,在全球化的背景下,建立一种优秀且创新的图书馆文化显得非常有必要。

(二) 坚持民族文化主体性

近年来,世界各地的跨文化交流变得更加频繁,多种文化发生了碰撞和融合,文化全球化的趋势日益明显,这也是民族文化发展的基础。在这样的背景下,图书馆的发展不仅必须积极融入文化全球化进程,积极吸收和借鉴外国文化,而且必须基于中国传统文化,提高民族文化创新能力。这就要求我们在发展图书馆文化时要充分坚持传统民族文化的主体性。

文化具有多样性,承认和尊重文化多样性,并尊重、包容、欣赏和吸收来自不同国家和民族文化的态度本身就是一种文化出色的表达。[①]　其中,儒家"和而不同"的文化观念无疑是尊重文化多样性的最好诠释,在这里"和"和"同"包含着深刻的哲学含义。文化发展"和谐而不同",包含两个方面的含义:第一,不同民族和国家的文化必须和谐共处并相互融合,形成人类文化的统一;第二,保持自己的独特性。这将有助于理解社会和人类文化发展的规律和建立新的国际文化秩序,促进全人类的和谐发展。在"和而不同"的理念指导下,中国传统文化始终呈现出共存且和谐发展的格局。

---

① 章春野. 论图书馆的文化使命[J]. 图书馆工作与研究,2010(3):13.

第四章 项目管理与图书馆文化建设

第一节　项目管理概述

一、项目管理的概念

(一)项目管理的历史

项目管理有着悠久的实践历史,许多现有的古老建筑,例如古老的长城、埃及金字塔和古老的欧洲教堂,都是项目实践的证明。随着人类历史的发展和进步,当生产力达到一定水平时,政治、文化、经济和军事等社会各个方面都需要项目来进行系统化发展,工程项目应运而生。古代最突出的工程是建筑,如现有的一些老建筑是大型精美的手工艺品,为后代带来了巨大的财富。我们在为人类的伟大感到震撼的同时,也发现在如此复杂的工程项目中,对管理人员和相关支持设施的管理水平有很高的要求。我们完全可以想象,当时的总体计划必须具有严格的组织管理,严格的时间控制,精确的成本计划以及高质量的要求,才能使项目成功。

项目管理起源于美国,第二次世界大战后,开始发展为一种新的管理技术并独立开发。19 世纪 40 年代,可以说是现代项目管理的起点,也是其发展的起点。1950 年,通过借用 CPM 进行设备维护,杜邦提高了工作效率;在1958 年,"POLESTAR"导弹计划使用 PERT 技术进行了操作,成功节省了时间和成本。最重要的影响是项目关系模型的出现,这在当时是一个了不起的成就。随着项目的成功应用,项目管理体系逐渐形成,虽然其在这一时期还处于成长阶段,但引起了许多研究者的关注,并将项目管理作为研究主题。而管理研究体系的形成是其在社会上重要地位的体现之一。其中,最成功的项目是1960年美国的阿波罗登月计划,这是一个艰难且费用昂贵的项目,它的最终成功对项目管理产生了深远影响。随着社会的发展,IPMA国际项目管理协会于1965年在瑞士成立,PMI项目管理协会三年后也在美国成立。此后,社会经济和技术发展促进了学者的研究工作,研究的结论和结果也促进了项目管理的专业发展。20世纪70年代以后,项目管理的发展呈现稳定的上升趋势,表现在技术和系统的专业性上。

通过了解发现:20世纪70年代后期,IPMA项目管理协会为促使项目管理专业的建设提出了项目管理规范的需求,并形成了管理专业的原型项目;80年代,PMI创建了项目管理实施系统,并在项目管理方面实现了更大的创新;到了90年代以后,项目管理取得了新进展;而如今,经济模式的变化不仅引起市场动荡,而且还使项目管理得以积极发展。此外,过去的项目管理主要在项目中实施,但是现在它既是一个持续发展的项目,也是一个合理的商业项目。当前,项目管理的总体发展正在加速,尽管项目管理应用程序最初主要用于政治领域,包括军事和航空领域,但如今已迅速扩展到了现代社会的许多行业。随着信息技术的飞速发展,知识体系和现代项目管理专业逐渐形成,使它更注重科学管理,并建立以人为本的管理,不断追求创新。因此,项目管理这一新兴学科和便捷的管理理念已在国际上得到广泛认可和使用。

(二)项目管理的内涵

项目管理实质上是对需要解决的问题进行安排,管理的对象是项目。美国项目管理协会(PMI)对项目管理的解释为:项目管理是在规定的时间、预算和质量目标内完成项目所有工作的各种系统、方法和人员的组合。有效的项目管理是指在规定的时间内对组织资源进行规划、指导和控制,以实现特定的目标。

国内外对项目管理的定义很多,主要可以从两个方面来界定:首先,项目管理是一项实践活动。项目管理人员在有限的时间、预算和目标约束下，汇集各部门的各种资源和人员，运用专门的技术知识来实现项目目标，即从项目开始到项目结束，对整个过程进行策划、组织、协调、控制和评价，以达到或超过预定目标。这一定义强调了参与者以及知识和技能的重要性。其次，项目管理是一门学科，其研究对象是项目管理活动或理论体系。

二、项目管理的特征

第一，项目管理是一项复杂的任务。一个项目通常时间长且功能强大，它会在操作过程中受到许多外部因素的影响，并且还会受到投资、项目质量、时间或其他条件等多方面的限制，实际上任何环节中的问题都将影响整个目标的实现。因此，我们必须建立专门的组织结构和团队，引导所有成员循序渐进地完成项目，并充分运用他们的知识、专业文化和现代科学技术，解决经营中的实际问题。同时，团队必须整合资源并优化资源分配，以便可以以正常合理的方式执行项目。

第二，项目管理的特殊性也可以称为唯一性，是其主要特征。项目一旦开展意味着开始时间、结束时间、工作内容和项目目标是唯一的，就不会有相同的项目。同时，项目是逐步完成的，不能推向未来。根据项目管理的独特特征，可以对项目进行科学的专门管理。

第三，项目管理目的的最终标准是客户满意度。在项目开始时，项目利益相关者将设定一个明确的目标，即成就目标和限制目标，管理人员将进行一系列项目活动以实现或超过其目标，包括明确的功能、特点和收益。其中，项目经理在约定时间内完成可交付成果称为成就目标，即具有约束力的目标是项目所产生的可交付成果，具体取决于所确定的资源和限制。当然，项目成功的关键是客户满意度。项目管理人员必须考虑客户的利益，并满足客户的需求。

第四，项目管理的集成可以称为整体。项目是一个完整的管理对象，无法独立管理某个部分，其所有元素必须以整体方式进行管理。因此，当项目经理按需配置生产要素时，首先必须以整体效率为标准，以最大化分配并提高质量。其次,随着内部和外部环境的变化,生产要素的管理和分配也随之变化。

第五,项目管理是创新的。因为项目是唯一的,所以各方都必须实现一个共同的目标,使得项目经理在项目实施过程中不可避免地会遇到一些问题,要求所有参与者分析具体问题,并结合实际情况创造性地解决项目的实际问题。因此,项目管理创新有两个含义:一是项目本身就是创新的;二是项目管理也应该是创新的。此外,在项目实施过程中,项目经理要擅长总结以往的经验,利用现有的知识和技术对创造性的问题做出创造性的反应。

第六,项目管理具有不可逆转的结果。项目管理的特殊性还决定了其结果的不可逆性。成千上万的项目,就会有成千上万的结论。此外,项目的准备工作一旦完成,将按照从项目开始之日起确定的程序进行。由于其过程无法逆转,项目一般无法重新启动,这是连锁反应。因此,项目运营的风险和不确定性很高。

第七,科学的项目管理技术、理论和方法。随着历史的发展,项目管理方法变得越来越先进。为了提高管理效率,必须采用先进的管理方法,包括决策技术、预测技术、网络技术、线性规划、数学统计方法以及排队论等。这些方法的使用可以有效解决遇到的各种复杂问题。

第八,周期性。作为一项独特的任务,项目有一个起点和终点,体现在项目的开始、成长、成熟和完成四个阶段。在生命周期中,它的特点是起步缓慢(项目演示、专家评审、实施计划、筹款以及人员配备等),过程快速(实施和监控),而结局缓慢(摘要和评估)。

三、项目管理的实施

(一)项目实施与管理

1. 项目启动

项目启动的步骤为:以项目成员为核心,从不同部门招聘人员,组建项目组;在项目设计和初步调查的基础上形成"项目活动计划";提交项目申请表,包括项目名称、时间范围、所需人力资源、项目背景和可行性分析以及项目目标完成程度和目标影响力度;根据团队人员的工作能力具体分配资金项目预算等基本思路和主要内容,召开项目启动会,编制组织机构和责任矩阵,明确成员分工。

2. 项目计划

为了保证项目能够在周期适宜、团队合作顺畅、资金充足以及计划可持续性高等条件下完成,必须运用项目管理工具,制订周密的工作计划,其中编制工作分解结构图是必不可少的。工作分解结构(WBS)是将一个项目的所有任务逐一分解,将复杂的、系统的工作分解成可量化的、相对简单的工作包,并对工作包进行合理有效的管理,进而对整个项目进行监控。根据工作分解结构图,编制项目预算表可以对每个工作任务在整个活动时间和节点时间内的成本进行预算,也可以直接比较实际支出与预算支出的差异,对于资金方面的管理十分有益。

此外,Excel可用于编制项目进度表或甘特图。其中,甘特图是项目计划的常用工具,它不仅可以反映出每项任务的开始时间、结束时间和持续时间,而且可以直观表达出每项任务活动的逻辑顺序,便于项目经理和后续所有工作人员控制项目的时间和进度。

3. 项目调控

实际上,项目管理流程可确保项目负责人的团队成员管理工作,监控项目进度和资金,管理现有紧急情况和风险,提交月度报告并确保活动有效性。基于各种项目活动时间表,通过管理和监视的项目实施,可以避免其他影响项目进度的因素。如果项目进度表存在重大延迟,或者主要计划实施稍有延迟,可能对项目进度表产生重大影响,应采取适当的纠正措施以确保项目一直处于良好的进展方向。工期管理结果包括更新的工期计划、纠正措施及学习经验。此外,劳动力管理在项目实施过程中也非常重要,项目参与者应根据职责分配矩阵的职责和范围以促进项目的完成工作。基于不同的实施步骤、不同的活动难度、项目进度的延迟以及项目成员任务效率的差异等因素,项目负责人必须考虑如何在项目实施过程中应对资源瓶颈,并将闲置资源控制到最低限度。与此同时,还要修复配置项目,动态调整配置,确保使合适的人可以做正确的事情,这样项目才能成功实施。

为此,图书馆必须在项目实施期间提交建立项目文档的申请,并填写特定的详细信息,例如项目名称、资金链、具体计划目录、时间成本和项目申请成立表,以及项目团队人员详细表。在实施项目过程中,项目负责人根据项目成本预算表来管理和控制项目成本,在不超过预算成本的前提下,可以适当调整子项目成本的比例,以合理的成本完成各项活动。同时,项目负责人还需要进行质量管理,质量管理是指项目负责人和活动负责人根据项目范围内的所有阶段和项目,对工作单位、子项目和活动的具体内容和质量进行监督。此外,检查反映在项目中的工作分解系统,并及时调整和纠正偏差,以确保项目取得良好进展。如果无法达到准备目标或发生严重的质量问题,并且返工后无法修复项目质量,则必须更改计划或终止项目。

(二)项目评估与验收

项目评估和验收是整个项目管理模型的重要组成部分,在很大程度上决定了资本投资的效率。根据项目周期的划分,项目评估通常可以分为项目前评估,中间项目评估和项目后评估。

1. 项目前评估

这一评估可以使用调查分析方法,根据需求、项目重要性、合理性和可行性、运行条件、利益性、影响、假设以及项目估计的合理性等方面来分析评估内容,并通过这些评估标准来确定项目是否通过了项目评估以及财务支持。

2. 项目检查(中间评估)

项目管理小组、项目成员、合作伙伴、活动参与人员和其他项目利益相关者不仅可以进行联盟,还可以细致划分组成联合检查组,以进行现场调查,从而进一步验证项目的真实性:从点到面,从小到大,从表面到内部,以加强项目的质量评估。这一有效措施对深化了解项目的背景、总体情况、基本条件和实施途径等方面十分有利。

3. 项目后评估(最终评估)

项目评估可以通过逻辑框架评估和公开评估相结合来进行。项目完成后,项目团队将发送项目结束申请表、项目自我评估报告(基本情况、主要措施、主要成果、创新点以及经验教训等)、照片或视频相关材料和其他材料。

项目管理团队收到申请书和项目验收材料后,将根据项目工作成果、项目成果文件和项目的预期目标进行验收监测,并提出建议和报告,包括提出项目是否通过验收,对不接受的项目提出整改意见。

4. 总结项目

一旦接受并完成了项目任务,将按时归档项目文件,举行项目总结会议,解散项目团队,并进行项目经验交流。例如,以交流会的形式,更好地分享经验和技能,同时感受到项目成果带来的幸福,并总结不足和教训,为项目的发展和推广提供参考,为将来建立更好的合作奠定良好的基础。

第二节 项目管理与图书馆

一、项目概念在图书馆中的提出

作为新兴科学,项目管理是指通过纵向和横向运营机制对有限资源进行有效的规划、组织和控制,以在特定的时间完成一组特定的任务和目标。随后,项目管理中提出了项目管理模型,其是现代企业管理理论研究的重要成果,是知识经济时代新管理概念的核心概念之一。

作为一个成长的机构,图书馆文化活动越来越受到市场管理系统和信息技术环境的影响。由于图书馆核心价值是保护和使用各种文献资源,以达到交流知识和传播文化的目的。因此,图书馆管理部门必须遵守其宗旨,并维护图书馆的正常功能。传统的图书馆管理模型主要围绕业务流程设计,涉及整个业务流程的各个方面,例如资源的获取、编目、收集、流通、参考咨询和技术支持服务。随着信息技术和图书馆业的发展,现代图书馆在寻求服务创新的过程中经常面临突如其来的、临时的或大规模的实验任务,仅使用原始管理模型很难解决这些问题。这时,我们必须建立一种自我学习和适应性管理机制,以调整和弥补缺陷,而项目管理作为一种高效和灵活的组织管理模型,正好满足了这一需求,赢得了图书馆界的青睐,并迅速从企业渗透到了图书馆领域。项目管理的对象是项目,通过临时组织、科学管理和实施项目、优化分配和有效利用各种资源,如人力、财力和物力,最终达到项目的预期目标,并强调效率、创新、沟通与合作。实际上,图书馆的每个目标工作或任务都可以简化为一个项目,即可以通过项目管理来实现。在实际工作中,项目管理解决了"项目"问题,例如数字图书馆的建设、搬迁、文献资料保存数据库的建设和专题数据库的建设等目标。实践证明,这种管理模式在帮助图书馆应对复杂环境,促进创新发展方面发挥了重要作用,逐渐得到人们的支持。

二、图书馆项目管理的理论研究

(一)国外理论研究

在国外图书馆领域,项目管理的理论和方法已经应用了几十年,主要研究图书馆项目管理的理论和实践方法、图书馆项目管理系统的开发、馆员能力的培养,以及如何与政府和其他外部组织合作进行项目管理。

1. 理由及可行性

1983 年,怀特(R. L)认为图书馆通常是分组工作的,可以看作是项目管理,但他并没有讨论图书馆进行项目管理的具体方式和领域。[1] 弗兰克·塞文(H. Frank Cervone)是美国图书馆界知名学者,也是项目管理的积极倡导者。2004 年,他指出美国大多数图书馆员的学科背景是人文学科,但不熟悉项目管理,导致习惯性地放弃项目管理。随后,他列举了图书馆员放弃项目管理的九个原因,结合自己的工作经验进行逐一驳斥,并提倡项目管理在图书馆中的应用[2]。到了 2007 年,他讨论了项目管理的基本定义和标准,并将项目管理应用于数字图书馆,认为在项目的整个过程中,集成管理使项目经理能够及时发现问题,积极解决问题。

---

[1]　White, R. L. Project management: An effective problem solving approach [J]. Advances in Library Admin is tration and Organization,1983(2):259-270.

[2]　Cervone, H. Frank. Managing digital libraries: the view from 30,000 feet: How not torun a digital library project[J]. OCLC ystems & Services,2006(1):162-166.

2. 管理方法的移植

1990 年,马米恩·丹(Mammean Dan)提出了八项图书馆项目管理指南,以指导图书馆逐步和战略性地实施项目管理。[①] 他认为,项目管理可以减少图书馆应对突发事件的成本,从而用有限的资源完成更多的工作。1996 年,布莱克·柯尔斯顿(Black Kirsten)在《图书馆及信息机构的项目管理》的专著中介绍了图书馆项目管理的简单原理和方法。[②] 1997 年,麦克·拉克伦(Mike Lachlan)出版了《让项目管理为你工作》一书,其中建议图书馆采用项目管理来简化工作流程并提高工作效率。另外,罗伯特·法维尼(Robert Favigny)认为,任何图书馆项目都应包括工作内容、时间表、组织结构图和项目预算。2009 年,弗兰克·塞文(Frank Severn)连续发表了三篇有关帕累托分析在图书馆项目管理中应用的文章,指出将帕累托分析应用于图书馆项目管理时,应优先考虑数字图书馆中最关键的影响因素,这对于团队优化和改善站点设计非常有帮助。[③] 在 2010 年,他还提出使用决策树分析法解决数字图书馆项目管理中的问题,认为数字图书馆管理者可以使用决策树解决工作中的许多问题。这是由于项目实施期间可能会发生一些环境变化,因此对决策树的分析使项目团队可以处理多个问题并量化无法控制情况的可能性。此外,布鲁斯·马西斯(Bruce Mathis)认为,沟通是图书馆项目管理中最重要的因素。实践证明,项目管理是一种有效的管理工具,在有限的时间、资金和资源环境下,可以看作是图书馆工作成功的基础,对图书馆的发展非常有益。图书馆项目管理的步骤包括项目计划风险评估、项目实施、项目控制、项目评估和验收,以及项目结论的反馈和改进。[④]

3. 适用范围的讨论

① Marmion,D. How do you manage those projects? [J]. Computers in Libraries,1990(2):29–31.

② Black,K. Project management for library and information service professionals[M]. London:Aslib,1996:98–109.

③ Cervone,H. F. Applied digital library project management:using Pare to an alysis to determine task importancer an kings[J]. OCLC Systems & Services,2009(4):228–32.

④ MassisBE. Project management in the library[J]. New Library World,2010(1):526–529.

希拉·克里思(Shera Kris)和罗伯特·法维尼(Robert Favigny)分别在1993年和1997年采用战略计划和项目管理方法介绍了高校图书馆与网络中心之间的合作。在2000年,菲利帕·马鲁洛·安扎隆(Philippa Marullo Anzalon)指出,项目管理是一种非常多样化的管理方法,其扁平的组织结构可以简化成本和人力资源。通过购买新资源,开发新服务项目或提出新的图书馆建设计划,图书馆可以将项目管理用作应对新组织变革的有效方法。从提案到完成,任何项目都会或多或少地发生更改,但利用项目管理可以帮助图书馆控制更改的影响。[①]

4.组织结构变革

1999年,侯赛因·安萨尔(Hussein Ansal)提出了一些具体措施,调整图书馆的传统分层组织结构,以适应外部环境的变化以及调整组织结构中的问题。2001年,莫兰(Moran)提出了一些扁平化北美高校图书馆组织结构的方法,并提出了一些有效措施来重组高校图书馆的组织结构。在2003年,斯坦利·诺顿(Stanley Norton)指出,为了确保新项目的顺利实施,图书馆必须从一开始就以有序和有效的方式管理项目,并找到减少项目管理与传统图书馆管理之间冲突的方法。[②]

5.图书馆学教育支撑

比尔(Bell)于1996年发表在图书馆协会记录的文章中指出,随着图书馆界对项目管理的兴趣日益浓厚,面向图书馆员的项目管理课程也得到了极大的发展。在2005年,马克·温斯顿(MARK WINSTON)认为,在美国图书馆教育中通常会教授一些管理方法,但很少出现特殊的管理方法(例如项目管理)。[③] 2007年,简·金克斯(Jan Kinks)在《项目管理能力:对图书馆立场宣言的文献回顾和内容分析》一书中指出,面对资金压力、技术变化和以用户为中心服务方法的变化,促使图书馆项目增加,并且对项目管理能力的

---

① Filippa Marullo Anzalone. Project Management:A Technique for Coping with hange[J]. Law library journal,2000,92(1):53-70.

② Stanley T,Norton F,Dickson B. Library project Management in a collaborative web-based working environment[J]. New Review of Academic Librarianship,2003(9):70-83.

③ Winston M. D,Hoffman T. Project management in libraries[J]. Journal of Library Administration,2005(1):51-61.

要求也不断提高。在 2012 年,加拿大图书馆员(Jenna Anne Holt)对加拿大安大略省图书馆项目管理状况的调查证实了这一点:大多数图书馆员尚未接受过项目管理方面的正式培训,这是基于知识基本的项目管理而进行的非正式项目管理,使用即时消息等快捷方式进行通信,很少进行正式状态的通知且项目管理的成熟度不高。①

6. 效果评价

2014 年,由罗宾·布瑟(Robin Busser)等人出版的《图书馆项目管理实践》②提出了包括逻辑、方法、职责、功能、时间、基准以及项目管理报告程序等内容,为图书馆的业务管理提供了路线图。他们还指出项目管理部门可以更改和改善图书馆服务,这不是在阻碍图书馆运作,而是促进其发展。此外,罗宾将图书馆的项目分为七个类别:系统的构建和迁移、系统的迁移和更新、资源数字化、其他开发的小型软件、特殊事件或特殊计划、工作流程的重组以及交换和协作。总之,当图书馆在各个部门中发现新的未知业务或复杂的工作时,他们通常会考虑采用项目管理来进行。

(二)国内理论研究

我国图书馆事业对项目管理的研究也有一定的成就。1996 年,索传军在信息咨询服务中采用了项目管理模型,该模型分为准备、项目控制和报告三个部分。2003 年,《中国图书馆报》发布了与图书馆项目管理相关的文件——《图书馆项目管理应用分析》。其中分析了图书馆项目管理的应用,并介绍了项目管理的基本理论框架,包括目标过程和项目管理要素的管理,表明可以使用科学方法将许多图书馆管理活动分解为不同规模的项目管理,以最低的成本获得最佳的结果。③ 2006 年,蒋知义和邹凯讨论了图书馆

① Horwath J. How Do We Manage? Project Management in Libraries:An Investigation[J/OL] Partnership,2012,7(1). [2016-02-06]. https://journal. lib. uoguelph. ca/index. php/perj/article/view/1802.

② Buser R,Massis B,Pollack M. Project management for library:A practical approach[M]. North Carolina:Mc-Farland,2014.

③ 索传军. 信息咨询服务的项目管理:预备、项目控制和报告[J]. 图书馆工作与研究,1996(6):4-7.

业务流程再造中的项目风险管理。① 从那以后,图书馆界的理论研究和项目管理实践不断发展。例如,丰素珍认为,项目管理的核心是识别"问题",这有利于对待诸如项目之类的问题并找到解决方案;图书馆项目管理中的关键是"分离"工作,并使用项目管理方法根据现有问题进行"设计"。② 大家的共识是,项目管理可以节省成本、提高效率、培训团队以及调动员工的热情,并成功完成部门之间的工作。然而,目前一个普遍的问题是图书馆缺乏自上而下的项目管理知识和经验,并且大多数项目都是唯一的项目管理。

(三)理论探讨

通过详细分析可以得出图书馆的传统组织结构通常是金字塔。金字塔的顶部是图书馆领导者的决策者小组,中层是部门负责人的经理小组,底层是图书馆员的实施者小组。随着图书馆的不断扩展,中间层越来越多,从决策到执行人员的距离越来越长,而图书馆的传统组织结构将图书馆分为馆藏、编辑、阅读和分发。这种传统的组织结构起到了职能部门的作用,促进了私有图书馆的发展,并确保了馆员的统一秩序。但是,由于社会对图书馆需求的多样化、专业化和整合性,传统的功能组织结构无法适应图书馆的发展,从而使矩阵组织结构被引入图书馆。

矩阵式组织是将按职能划分的部门和按项目划分的团队组合在一起的组织,其最重要的功能是双重命令系统。因此,团队成员不仅必须保持其原始职能和业务关系,还必须参与项目团队。其中,虽然矩阵组织结构具有明显的优势,但在国内外图书馆中很少使用,这是因为它违反了统一的传统原则。正如乔安妮·欧斯特(Joanne Euster)所说,矩阵式组织的结构与传统组织的文化完全不同,虽然传统组织非常复杂和模棱两可难以实施,并且需要进行持续的监督和管理以确保组织的正常运作和矩阵的正确组成。但是,大多数人生活在分层的组织结构中,很难适应想象中的矩阵组织。此外,一些外国图书馆采用了将项目团队整合到部门中的方法,但是这种整合系统

① 蒋知义,邹凯.图书馆 BPR 项目风险管理[J].中国图书馆学报,2006(6):45–48,78.

② 丰素贞.试论图书馆项目管理中的"切分"和"设计"[J].潍坊学院学报,2013(6):103–104,115.

无法有效解决跨部门的问题。因此,要想获得有效的解决方法仍需进一步进行探究。

三、图书馆项目管理实践研究

(一)国外实践

项目管理广泛用于图书馆自动化系统和数字图书馆建设中。1983 年,切尼·霍尔(Cheney Hall)在印第安纳州立高校的图书馆自动化系统管理中介绍了项目管理经验;1995 年,安斯利·刘易斯(Ansley Lewis)通过选择图书馆自动化系统,详细介绍了威尔士高校图书馆的经验。1996 年,爱德华多·桑切斯(Eduar Dosánchez)在得克萨斯州立大学讨论了项目管理在图书馆自动化中的使用。一些学者甚至将图书馆项目管理定义为图书馆在自动化项目和技术项目中采用的管理方法。

此外,项目管理在图书馆中有广泛的应用程序。1983 年,伊利诺伊大学香槟分校图书馆采用了项目管理方法,在整个高校范围内开展了大规模的阅读活动;自 1997 年到 1998 年,纽卡斯尔大学的图书馆员在接受正式的项目管理培训后,对整个图书馆进行了项目管理;1996 年,比尔向苏格兰爱丁堡大学高等教育资助委员会赞助的图书馆项目提出了建议,包括回顾性图书馆建筑和缩微胶卷;1997 年,唐纳德·辛普森提出使用项目管理方法来进行图书馆各个部门之间的合作,并促进电子馆藏的发展。类似的项目管理实践还包括由几个图书馆联合开展的报纸数据库项目建设,信息素养数据库建设和在线实时参考项目。

(二)国内实践

项目管理主要用于国家图书馆领域,例如数字图书馆的建设、图书馆的搬迁和信息咨询。

在建设数字图书馆方面,郑惠伶介绍说,中国人民大学图书馆已经采用项目管理的方法来加强和改善数字图书馆的建设和管理①。郑林峰则介绍了项目管理方法在图书馆数字资源建设中的应用②,并在分析项目管理性质和功能的基础上,结合高校数字图书馆的项目管理实例,列举了通过帕累托分析确定项目管理的方法和步骤,并指出了帕累托分析中应考虑的要点。

在图书馆搬迁方面,丁一红介绍了项目管理方法在南通职业高校图书馆搬迁中的应用。她认为,项目管理方法已成功用于监测项目的进度,成本和搬迁,并取得了良好的效果。③ 另外,一些学者从更宏观的角度讨论了管理图书馆项目的可行性和优势。吴翠红认为,图书馆项目管理的应用可以使使馆工作人员明确工作目标、工作范围和职责,并提高管理效率,避免相互找借口。④

从以上示例中不难看出,项目管理在图书馆管理和服务质量方面的改进显而易见,不仅可以帮助图书馆应对紧急情况,避免延误并浪费时间和资源,而且在某种意义上为图书馆的工作提供了安全感。

四、项目管理组织的形成与构建

随着现代网络环境和数字信息资源的迅速发展和普及,图书馆及其用户的信息环境发生了深刻的变化,使得用户对图书馆的要求越来越高。作为文献存储、信息服务中心和科研服务基地,图书馆面临着前所未有的机遇与挑战,这就要求图书馆更新管理理念,不断创新服务,以满足用户不断变化的需求。因此,引入项目管理是高校图书馆管理模式的创新驱动改革,为实现"创新服务""树立品牌"的服务目标起着关键作用。

---

① 郑惠伶.项目管理制:新型的高校数字图书馆管理模式[J].图书馆理论与实践,2005(2):89-90.

② 郑林峰.项目管理在图书馆数字资源建设中的应用[J].图书情报论坛,2006(4):48-52.

③ 丁一红.项目管理在图书馆搬迁工程中的应用[J].图书馆论坛,2008(4):150-153.

④ 吴翠红.项目管理在图书馆的应用探索[J].图书馆论坛,2009(3):104-107.

(一)项目管理组织的形成

为了组织各方完成图书馆项目的计划和特定目标,一旦图书馆项目获得批准,就必须建立相应项目的工作组,即支持项目建设和正常运营的工作组织。该组织必须具有更少且更精确的成员,强调实际项目实施结果,项目一旦完成,本组织的任务将结束。其中,项目管理组织的成员是通过对图书馆的内部评估而选出的,通常由来自不同部门、不同学科和不同服务专业的多名图书馆员组成。同时,还需要图书馆项目管理机构建立几个主要工作组,这些工作组可以根据工作目标和图书馆项目服务范围以及业务的不同特点和要求相互合作。通常,项目管理组织有两种形式,一种是解决特定问题的特设工作组,另一种是实现特定目标的常设工作组。

(二)项目管理组织架构的确定

传统的图书馆管理模式是一种垂直组织结构,权力集中在最高管理者身上,下级缺乏必要的自主权。同时,各职能部门职能分工明确,但部门间横向联系薄弱。而图书馆项目管理的组织模式缩短了从领导者到普通馆员的管理路径,充分授权项目工作组,减少了许多不必要的中间环节,为同时执行和操作跨职能和多目标任务提供了最佳解决方案。此外,项目管理组织成员和图书管理员通过各种特定的子项目联系在一起,即图书馆员可以参与一个子项目,也可以同时在多个子项目中兼职,或者协助参与。上述表明,项目相互交错、相互借鉴、相互补充,形成了蜘蛛式的工作关系,即蜘蛛式的项目管理模式。

根据实际分析,组织结构设计可分为三个层次:第一,图书馆领导层,负责制定图书馆的宏观目标和任务、项目工作组年度考核及项目总监任期及任免。由于有多个项目工作组,因此项目办还负责项目之间或职能部门之间的资源分配和协调。第二,项目管理层,即项目工作组层。管理人员是图书馆宏观工程的定义者、规划者和控制者,对他负责的项目负有全部责任、权力和利益,其任务是选拔项目组成员,制订项目目标、任务和计划,并负责实施。但在分配任务时,首先要将宏观项目分解为子项目或子任务,并尽可能从量化的角度确定参数指标,如果不能量化,就给出定性标准。第三,项目工作组成员层,这是项目目标和任务的具体执行者。其功能是根据项目经理提出的任务目标和要求,有计划、有步骤地实施。具体的图书馆项目管理组织架构,如图4-1所示。

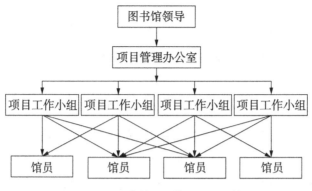

图4-1　图书馆项目管理组织架构

五、图书馆项目管理的运作模式

(一)项目管理运作模式的构建

项目管理主要包括元素管理(静态)和过程管理(动态)。元素管理主要包括时间管理、成本管理、质量管理、人力资源管理以及风险管理等方面的静态对象管理,并在整个项目管理过程中实施;动态项目管理包括四个过程:项目定义、计划、实施和控制以及完成。第一,项目的定义,包括可行性报告的介绍、项目批准和项目立项;第二,项目计划,包括建立项目团队、分解项目任务和制订详细的项目实施计划;第三,项目的实施和控制包括项目实施的具体过程以及与项目过程中控制有关的进度、质量和变更,以及实施风险;第四,完成过程,其中包括绩效评估、项目摘要以及项目演示等。

项目管理操作包括将图书馆的总体目标划分为一系列有组织的目标,图书馆员将根据组织的目标设计和创新项目,提交可行性报告并等待批准以成功创建项目,然后创建一个项目团队并使用项目管理方法来完成项目任务。同时,为了配合项目管理系统的建立和完善,图书馆必须制订一系列的支持计划,例如项目申请方法、项目建立规定和进度管理细节。项目专用项目管理的操作模式,如图4-2所示。

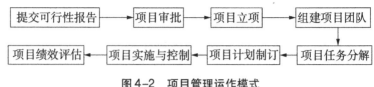

图4-2　项目管理运作模式

在实际工作中,图书馆按照上述项目管理流程对每个具体项目进行管理,保证了每个项目环节的顺利实施,体现了项目的高效性。其中,项目审批是正式承认新项目的开始,而在立项过程中,首先,图书馆领导人员要深入研究立项的可行性,提出详细立项方案。其次,项目计划是项目管理的核心内容,完善的项目计划是项目成功的重要前提,它为协调各项工作提供了核心信息,制定了详细的工作内容、进度、成本和时间安排,确保了项目的成功。最后,项目实施与控制是项目管理中最重要的阶段,项目计划的具体实施过程,负责对项目实施的各个方面进行控制,最终保证项目的顺利完成。

(二)项目管理运作的注意事项

1. 更新理念是前提

图书馆项目管理是对以创新为动力的图书馆管理模式的改革,具体是指对创新资源、创新目标、创新计划以及创新环境等进行优化管理的过程,从最大程度上发挥了图书馆资源的作用,解决了图书馆工作中的实际问题,并实现图书馆创新目标。[①] 实践表明,在服务创新目标开始之初,如果不改革管理模式仅遵循传统的管理模式,图书馆服务的扩展和创新就会遇到瓶颈,使得图书馆发展无法取得显著成效。因此,一方面,图书馆领导者率先学习新的管理模式,改变观念并与时俱进;另一方面,为了使每个人都能尽快理解并熟悉项目管理的理论和方法,图书馆负责人会指定项目负责人参加学校组织,进行相关培训,并在整个图书馆内进行学习和宣传,并向所有人解释和理性分析管理行为。综上所述,更新理念可以为实施项目管理做

① 郭海明,曲振国.创新驱动下的图书馆项目化管理[J].图书馆理论与实践,2012(2):1-3.

出充分准备,并为将来多个项目的顺利发展提供良好的保证。

2. 协调发展是关键

传统的图书馆管理模式是将人员分配到多个部门,完成图书馆的基础工作,并加强部门的职能。然而,在项目任务实施过程中,项目管理人员将人员分配到几个项目工作组中,但其成员返回原位,强调了项目的作用。

事实上,由于图书馆项目成员通常来自不同的职能部门,并且他们在职能岗位上有自己的工作职责和任务。因此在项目运作过程中,职能职位的选择和项目任务之间存在冲突,甚至包括人员选择困难且适合者少等,这表明职能工作和项目任务同等重要,不能忽略它们。因此,如何协调职能和项目之间的关系以避免冲突尤其重要。鉴于此,首先,图书馆应明确各职能部门和项目工作组的职责和任务,部门负责人和项目经理的职权划分,以及明确工作中的长期和短期目标;其次,出现问题时,双方的部门负责人和项目负责人必须进行沟通和协调。若出现无法协调的事务,双方必须优先考虑项目预定的周期,目标实现程度和影响因素,必要时双方可通知项目管理办公室或图书馆馆长,请求他们根据任务的紧迫性,结合图书馆的实际资源协调双方,从而实现管理分工合作的目标。

3. 激励创新是根本

在图书馆项目实施过程中,项目成员通常有几个职位工作,除了自己的工作外还参与项目任务,因而他们的管理水平和业务能力将直接影响图书馆的整体服务水平和效率。首先,图书馆要营造学习型组织氛围,考虑为馆员提供更多培训、学习、参观的机会,使学习和工作成为每个馆员的自觉行为,从而挖掘其图书馆信息服务的创新潜力。这一方式会提高图书馆员的创新能力和思维能力,从而培养出一批高素质的优秀图书馆员,使他们成为创新的动力、项目的管理者和成果的分享者。其次,与日常的岗位工作相比,项目任务存在创新性强、能力挑战性强的问题,并且项目之间的复杂性和风险也存在不同的情况。因此,图书馆要充分调动馆员的工作积极性和效率性,必须动态跟踪馆员个人的努力和工作效果,对职能工作和项目任务进行双重考核,公正、合理、有效地评价其工作绩效,建立科学的绩效激励机制。这将从根本上影响图书馆员挑战复杂任务的积极性和创新能力,并且有利于提高图书馆员的工作满意度。

第三节　项目管理在高校图书馆文化建设中的应用

一、项目化高校图书馆文化建设的可行性分析

(一)图书馆文化建设活动的项目特征

由于社会信息传播媒介的多样化,文化成为社会组织的标志物。其中,校园文化作为高校重要内涵整合而成的一种文化,包括人文素质和图书馆文化。而图书馆文化,它的形成由各种文化活动结合而成,是校园活动中的重要组成部分。因此,图书馆活动可以看作实现校园文化的一种有效途径,加强和优化图书馆活动是必不可少的环节。

分析图书馆的特点与项目管理之间的关联,可以得出:项目管理通常使用多个级别的目标管理,这种管理方式也时常运用在图书馆活动中,如在图书馆某种活动中根据任务目标进行人员分工而合作运作,最终让项目活动成功完成总体目标;在活动的原则上,图书馆也以完成任务为目的,不仅明确了目标的重要性,而且适合项目管理的特征。

根据上述分析,图书馆组织活动时的重要原则是完成目标任务,这表明管理是循序渐进的,即图书馆管理的结构是垂直结构。垂直结构系统化的特点是人员工作分配具备灵活性,具体表现在活动中就是可以保障合理分工、职责清晰以及管理项目周期过程完善性,强调对项目成本、资源和保障的综合储备。与之相同,在图书馆文化建设中,项目计划如果进行了确定和实行,合理分配计划的实行人员便是关键部分,并且还需要整合再得出最佳方案。图书馆文化活动同样呈现系统化特征,体现在:一是项目周期、资金、文献资料和活动成果等任务的相互影响;二是活动分解和整合具备和谐性,既相互依存又互相矛盾。这一特征在实行活动中对优化具体任务有促进作

用,然而项目活动的成功还需要多样化的传播渠道。由于传播途径的丰富多样,从而造成活动具体实施过程中的差异性、个性化以及特殊性,这就要求一方面需要活动运作人员加强适应转变能力;另一方面领导人员在管理权限和沟通交流上具备灵活性。基于项目系统化的特征,图书馆可以根据项目管理的具体实施成果,结合修改组织结构,促使活动开展更具开放性,最终达到组织管理文化建设活动的成功。

此外,图书馆的文化活动具有明显的生命周期,通常需要经历五个阶段,即为"开始—计划—实施—控制—完成",但是这些阶段并不是无限期的,而是有时间规范,并且在生命周期的不同阶段中,资源分配和使用的方法是不同的。在现代化进程中,项目管理的特征包括可行性和科学性,要想实现项目管理必须合理组织、协调和运作项目计划,并识别计划缺陷,解决阻碍以便及时调整计划,最终促进项目目标的完整实现。虽然项目管理有助于实现图书馆文化活动,但在实施过程中存在很多不确定因素以及难题,如资金来源、时间成本和目标实现可能性等现实阻碍,甚至图书馆工作中人力资源和设施储备等原因造成活动难以成功。

综上所述,图书馆管理活动不仅在各个阶段应该属于科学管理活动,而且在使用项目管理工具来优化程序、解决困难、改善决策、协调资源等方面,可以成功扩大图书馆活动的影响力。

(二)图书馆文化建设的项目化管理

20世纪90年代,项目管理从政府管理转向其他组织和团体,它是社会企业等组织变革的引擎,对组织流程再造的实施起着关键作用。应用领域极为广泛。随后,项目管理系统在项目管理逐步深入应用的基础上被开发出来,特别适用于复杂系统、工作量大、不确定因素多的场合,被广泛应用于各种类型的工作领域。在现代社会,理论和项目管理工具主要用于优化和规范工作目标和过程。而在图书馆发展中引入项目管理有助于打破图书馆部门与人员之间的隔阂,加强团结协作、调动馆员的积极性、激发馆员的主观可视性、优化文化建设活动的组织运行和组织形象。同时,它体现了信息传输的灵活性和高效性,提高了信息传输的对称性和准确性。

由于图书馆文化建设和项目管理的共同特点,将项目管理模式引入图书馆文化建设管理具备可行性。因此,图书馆文化建设项目管理应将图书馆文化活动作为管理项目,即运用项目管理模式对图书馆文化活动进行管理,并运用精细化管理方法进行管理,通过时间和技能的限制,并在资金、人员充足的条件下,以最有效的方式来实现项目目标,动态管理图书馆的文化建设和资源的协调优化。

（三）图书馆文化建设项目化运作实践

开展图书馆文化建设活动是为了配合各高校校园文化建设,促进大学生素质教育。首先,通过采用项目化运作模式,图书馆事务委员会可以确定图书馆文化建设的目标和类别,使有关职能部门根据工作的具体性质和实际情况,依托自身资源优势和服务对象,提出具体活动项目计划;其次,由图书馆事务委员会组织专家组对项目的可行性、有效性和阶段性指标进行全面评审,确定最终运行项目;最后,提供人员、设施、资金、时间等支持,对项目开发过程进行监督控制,并评估最终效果。图书馆文化建设的项目化运作,不仅增强了图书馆各部门之间的沟通与合作,提高了集体凝聚力,而且整合了图书馆的有限资源。

二、项目管理在高校图书馆文化建设中的作用

（一）满足高校的发展需求

近年来,高等教育的普及导致大学生人数激增,不仅大大增加了信息资源供应的复杂性,而且文化需求也不断增长。因此,只有科学规划和合理准备各种文化活动,图书馆才能满足大学生读者差异造成的多元文化需求,丰富文化阅读生活,实现图书馆与学生之间的良性互动。事实上,通过图书馆、读者和服务教育可以提高学校教育成果,虽然近年来学校图书馆的资助率有所提高,可以基本保证获得文学和设备维护的机会,但是从根本上讲,很难开展其他形式的活动。当前,大多数图书馆的文化活动多少都存在时间短,受人员、资金和地点的限制等现象,但项目管理是丰富图书馆文化活动的科学选择,因而项目管理的实施可以在系统层面上指导和促进图书馆的文化建设,并根据建设需要科学规划项目规模和进度,优化和整合图书馆

资源的使用和管理,最终加强图书馆和学校文化凝聚力的建设。

(二)有利于增强图书馆读者和图书馆员的意识

通过项目管理组织相关活动,充分利用大学生的主观能动性和集体意识,并利用图书馆来提高知识水平。同时,通过项目管理充分体现团队合作精神,这就要求管理人员必须有清晰的思路,善于加强沟通和协调,这不仅可以提高管理效率和收益,而且可以提高团队成员的意识和凝聚力,在团队管理中发挥关键作用。

(三)积极加强图书馆的组织建设

项目管理通过激发图书馆组织的内在活力,提高工作效率和优化图书馆资源的有限分配,大大提高了活动质量。另外,项目管理的关键要素是人才,而人才是项目管理的关键力量。除了有效定位人才标准之外,还必须有效评估和利用人才的能力素养,激发和发掘图书馆员的潜力,并根据图书馆员的能力选择合适的职位。因此,有必要在管理过程中建立人才培养机制,并结合业务技能,形成人员管理激励机制、监督机制和管理机制,促使图书馆领导人员实施动态绩效评估管理,以充分利用主动权,激发他们的潜力,并促进图书馆文化建设项目管理的有效发展。

(四)对于图书馆的管理和定位非常有用

图书馆通过项目实施计划来管理和指导图书馆的文化活动,使得管理人员可以在项目过程中随时验证和控制关键点,以实现活动预防、过程监控、要素接受和层次管理,并及时调整偏差以确保控制活动的质量。同时,使用项目管理工具来管理图书馆的文化建设,将有助于形成系统、标准化和科学的管理计划,提高管理效率,并监督项目的有效性以及资金流向和计划进度。此外,还可以监控活动重点,核实资源使用情况,确定项目是否进展顺利,及时整合意见,修改和调整原始计划,并保证项目最终结果的质量和有效性。

(五)提高图书馆文化建设活动的整体质量

资源是图书馆文化建设的前提和基础,现阶段资源、人力资源和技术的匮乏是影响图书馆文化建设发展的关键问题,但借用项目管理可以有效解决这一难题,因而在图书馆文化建设中普遍引入了项目管理模型。例如,图书馆可以尝试使用基于市场的运营模式,利用自身的信息资源与公司和机构进行合作,并引入社会资源来参与图书馆文化建设。这种互利合作关系可以更有效地解决技术库资源不足的问题,但在项目实施过程中,有必要建立清晰的程序,利用强大的可操作性以及灵活便捷的管理方法,促进协调和沟通,提高工作效率并控制工作周期。毫无疑问,这种合作为施工提供了条件和质量保证。

(六)实现图书馆文化建设项目成本与价值的最佳结合

目前,融资是图书馆文化建设的瓶颈。如果经费不足,成本管理将在文化建设中占据主导地位。因此,图书馆文化建设业务管理应注重图书馆的价值管理目标和有效的活动成本管理,而在项目活动中引入价值工程分析是有效的成本管理工具之一。价值工程是通过集体智慧和有组织的活动对产品或服务的功能进行分析,再以最低的总成本来实现产品或服务所需的功能,从而增加产品或服务的价值,并获得所需的功能,即在实现所需功能的前提下,选择能够节约工程成本的最佳方案。因此,引入项目管理模式提高了管理水平,避免了目标的不确定性,减少了资源浪费,最终降低了成本,获得最大的效益。

此外,项目管理可以为未来的图书馆管理提供资料。由于项目后评估是项目周期中的关键环节,包括基于项目的实际效果和收益对项目决策、管理和实施进行分析和评估、学习总结,为决策者和投资者提供基础。因此当在建项目完成时,项目评估的结果可以为后续项目提供参考,并减少项目成功的不确定性和风险。

三、项目管理方法在图书馆文化建设中的应用拓展

(一)项目管理与图书馆网络信息化的结合

要想促进图书馆现代发展不仅要加强图书馆网络建设和发展,而且要加强与校园网络文化活动的联系,增加网络图书馆文化活动的容量和信息资源。目前,利用网络开展文化活动是现代文化建设的一种新形式,要求高

校图书馆应充分利用文献信息资源,加强活动的建设和发展,以便促进读者的教育和服务,帮助大学生充分利用图书馆资源,引导大学生追求正确的人生观、价值观、世界观。同时,网络作为一种及时、快速的信息载体,能够满足项目管理中相关系统和指南的发布要求,而网络信息发布的公开透明,可以保证项目的公平、公正和公开。此外,管理信息系统的应用可以实现图书馆文化建设项目管理与网络管理的结合,提高办公效率,控制人力和运营成本。例如,Office Project 2010 项目管理软件功能齐全,能够涵盖项目管理的方方面面,包括进度管理、资源管理、成本管理、问题管理、风险管理以及文档管理等功能,对项目中各种关系复杂的因素有很高的处理和协调能力,能够实现不同项目之间的任务链接,准确实现复杂控制。因此,如果在 Office Project 2010 中输入图书馆文化活动,就会立即显示出一个系统、完整、科学的活动方案,再根据实际做具体调整,只有这样才能事半功倍。

(二)项目管理与读者服务目标管理体系的结合

图书馆采用项目管理的根本目的是促进图书馆文化建设。项目管理的原则是图书馆资源的整合和分配,主要目标是在学校的总体发展中改善文献和信息资源的利用,有利于促进校园文化建设和可持续发展。这种改善必须是长期且可持续的,并且基于本质属性,即读者的服务属性,注入一定的激励机制。为了确保项目的有效性和长期管理,有必要将项目管理系统与目标阅读服务管理系统相结合,以量化和分类图书馆文化活动中的一般性和公平性元素,并调动部门和服务窗口的积极性。

"目标管理"最初是由管理专家彼得·德鲁克(Peter Drucker)在 1954 年出版的《管理实践》一书中提出,是指组织上级和下级共同确定总体目标的一个过程,并在一定时期内根据组织的使命进行评估。可以看出,目标的管理始于组织的总体目标,再将其分解为层次结构,扩展总体目标,逐步引导次要目标,其中次要目标支持总体目标并形成"目标"链从宏观角度控制着组织目标的实现。结合这两种管理方法,其结构图如图 4-3 和图 4-4 所示。

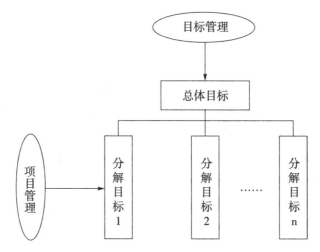

图4-3　目标管理与项目管理结合的结构关系

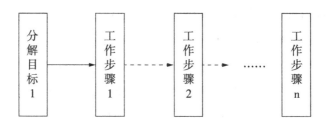

图4-4　分解目标中考核目标工作步骤的划分

从图4-3和图4-4可以看出,目标管理和项目管理的结合是相辅相成的。其中,纵向运用目标管理方法,就是将目标层层分解,落实到各部门或服务窗口;横向运用项目管理方法,则结合图书馆的总体目标和日常问题,设计了各目标的具体方法和步骤,并将其纳入动态评估。只有这样才能建立一套系统的图书馆绩效考核体系。

（三）与文化活动组织的结合

图书馆文化活动的实质是为读者服务。其中,项目管理和事件组织的有机结合是事件项目的运营,而科学合理的组织结构建设是有序、规范以及高效运作项目活动的重要前提。只有迅速做出决定性的策略,有效运作并确保组织的目标清晰和完整,才能更有效地监控活动的进度、成本和质量。

此外,图书馆文化活动的项目管理有助于增强图书馆活动的凝聚力,树立图书馆团队意识,而项目管理模式的正常运行则可以激发团队活动的热情,对探索成员角色的特征和定位十分有益,并且活动资源的优化配置为文化建设的健康发展奠定了基础。

(四)在读者管理工作中的拓展

高校掌握了项目管理在图书馆文化活动管理中的应用后,还可以扩展到读者的日常管理中,例如入学第一年的教育、文献资源使用的培训以及退学等,甚至包括招募志愿人员或正在学习的学生以及参加小组活动的工作。这一管理模式允许学生参与学生管理,即创建新的读者管理方法,同时为学生提供锻炼的平台。

第四节　基于项目管理的图书馆文化建设对策

一、强化人文素质

在文化建设中,图书馆首先要把人的影响因素放在首位,这是实现项目目标的基础。虽然我国图书馆员大多具有一定的专业素质,但文化素质参差不齐,主要原因是对他们的能力培养不够重视。为提高馆员的人文素质,图书馆可以采取馆员文明礼仪培训、开展学习主题活动、结合读者评价结果和年度绩效考核践行科学发展观等多种方法,并把理论与具体工作相结合开展"文明服务窗口"评选活动,听取读者评价,发现和总结问题,并组织各类文化现场考察和参观,作为员工后续培训的基础。

二、加强读者读书文化活动的设计与管理

图书馆员和读者是图书馆的两大人才要素。因而,举办丰富多彩的读者阅读文化活动,不仅是图书馆自身内部文化积极的积累和建设,也是有效

推进图书馆文化建设不可或缺的一部分。在校园文化建设的背景下,高校图书馆可以以"服务教育"为导向,引入项目管理模式,精心设计并开展一系列的读书活动。例如,举办一年一度的"读者之星"评选活动;开展"世界读书日"系列活动;开展主题鲜明的读书征文活动,搭建动态交流平台;号召众多读者参与开设"读者与馆员"专栏。这些活动的有效开展,不仅丰富了读者的文化生活,而且缩短了读者与图书馆的距离;不仅提高了图书馆图书文献资源的利用率,而且促进了校园阅读风尚的形成。

三、融入科学规范的项目管理文化

第一,项目管理的文化。图书馆确立了文化元素,例如服务的目的、对服务的承诺、独特的文化和徽标。因此,在创新和品牌建设的过程中,图书馆目标、质量意识、团队合作与竞争和效率反馈被用来测试和提高图书馆文化,发现问题并评判特定工作实践的有效性;力求提高项目管理水平,强化科学管理理念,将图书馆文化融入管理,有助于促进科学规范的制度化项目管理模式的形成。此外,还应积极探索项目管理方法,完善部门管理体系,明确每个项目的工作职责,完善工作体系,建立动态评估标准和多维项目管理体系,促进项目规范化的开发建设。

第二,项目团队的文化。在《团队战略管理》一书中提到了业务管理中的"一致性和满意度"的概念。对于图书馆来说,有效利用有限的人力资源并加强员工之间的沟通与合作非常重要,遵循"一致性和满意度"的概念将帮助图书馆实现这些目标。通常,项目负责人的概念是在促进和执行领导职能中发挥作用,而不是指导或命令所有项目成员必须按照共同计划行动。实际上,团队成员在团队中也拥有一些权利,即整个团队都可以参与管理,关键是要创建一个具有适当工作和相对舒适环境的团队,但又不能过于依赖团队,来影响他们的自我激励,这符合"以人为本"的理念。

第三,建立图书馆文化。建立图书馆文化是一项系统工程,其中涉及图书馆的各个方面以及学校的相关工作。因此,在校务委员会和图书馆领导者的统一管理下,图书馆各部门需要共同参与和合作,共同建设图书馆文化和校园文化。这是实现有效领导、精心计划和提高效率的关键措施。

四、建立健全保障和激励机制

在组织保障机制上,一是从图书馆管理体制上建立健全图书馆文化建设领导体制,充分发挥图书馆领导小组在文化建设中的重要作用,主要体现在制度规划、长远思考和联合决策上;二是在工作职责上,形成由图书馆领导者全面负责、各职能部门分工负责的工作体系;三是在投入方面,安排专项资金,逐步投入开发软硬件,为图书馆文化建设提供物质保障;四是在人事管理方面,建立多种沟通机制,开展多种文艺活动和交流活动,通过树立"微笑服务之星"等先进典型,推进文明工作和礼仪服务,鼓励敬业精神和奉献精神的形成,并要求所有图书馆员参与其中。

在文化建设载体的保障机制上,一是充分发展图书馆文化建设载体,拓展图书馆文化阵地,挖掘资源潜力,并充分利用各种媒体和各种内外部社会资源,增强图书馆文化建设的影响力;二是图书馆文化的制度化。为了修订和完善图书馆规章制度,图书馆员和读者必定成为图书馆文化的自然载体。

第五章

图书馆和谐文化建设

第一节　和谐文化建设的含义

一、概念概述

(一)和谐文化的概念概述

文化是一种历史现象,每个社会和时代都有其自己的文化理念。那么和谐社会的和谐文化是什么?和谐文化的基本含义是什么?和谐文化是一种以"和谐"为理想价值,以民族文化特征为核心的文化体系。它寻求人与人之间、人与社会之间、人与自然之间的平衡,解决了文化多样性与文化完整性之间的矛盾,缓解了外国文化与本土文化之间的冲突,缩小了精英文化与大众文化之间的差距。它甚至对于文化产业和文化企业的协调发展,以及由于各种文化的碰撞和融合而引起的各种冲突都起到了促进作用。

1.要了解和谐文化的本质,必须从"和谐"的含义开始理解

"和谐"一词最直接的解释是基于汉字的象形图,它用于分析文本以理解其含义并理解该词的含义。查看单词"和",这个词分为"禾"和"口"。"禾"是指粮食作物,即手里有食物;但"口"实际上代表一个人,一个人有嘴,必须吃饭。"禾"和"口"相互补充,即每个人都有食物和衣服,物质生活丰富而有保障,这不仅是和谐与社会稳定的基础和保证,也是社会发展的目标。

再看看"谐"一词,拆卸为"言"和"皆","皆"是指所有,意味着每个人都在讲话,每个人都在讲话并表达各种声音和观点,充分体现了言论自由和平等的发言权。显然,在人类世界中最重要的两点:一是每个人都有食物,这是生命权;二是每个人都必须讲话,这就是发言权。简言之,"和谐"一词不仅是生命权,而且是话语权,以便社会能够协调,和谐与和平。

此外,"和谐文化"仅是形容文化性质和特征的形容词,而不是定义并命名的名词文化实体。这是对各种重要文化的价值判断,是人们追求的"义务"文化。若以"和谐"为自然的中心取向和价值,即和谐文化是一种文化形式、文化现象和文化特征,其主要内容是倡导、研究、解释、传播以及实施和追求和谐的概念。

2. 和谐文化是辩证关系和统一关系的复合体,反映了两个方面之间的矛盾

首先,揭示了国家与全球化之间的辩证关系,表明文化不仅是一个民族的灵魂和本质,而且是一个独立民族的象征,即表明不同民族具有不同的文化特征。有人说,只要一个国家或民族的文化还活着,那个国家或民族就将活着。相反,即使一个国家或民族还活着,失去文化也会失去其独立性和作为一个独立国家或民族的唯一性。特别是在全球文化融合的环境中,一个国家或民族对文化专业和独立性的要求更加明显。此外,文化全球化的趋势打破了传统民族国家的壁垒,世界各地的国家都在积极接近国际标准,并积极引入和应用国际标准。这使民族文化开始衰退,甚至许多传统的民俗风情即将消失或已消失。这时和谐文化就可以作为新时期中国文化发展的战略选择,在坚持文化全球化的同时,也坚持民族特色;在多元文化主义的洪流中,寻找适合国家发展的文化,只有这样才能使我们的国家在世界文化之林中立于不败之地。

其次,和谐文化是文化多样性和主导地位的辩证统一。在当前文化全球化时代,存在先进文化与落后文化并存、国内外文化碰撞以及大众文化与精英文化碰撞等现象。如果这些矛盾得不到协调,将不可避免地导致思想混乱,行为模式混乱,甚至引起社会混乱。而和谐文化可以有效解决这一问题,它强调不同文化之间的相互借鉴,倡导尊重文化多样性,积极促进不同

文化之间的碰撞和融合,实现了优势文化与文化多样性的统一,最终实现文化之间的和谐。此外,领导文化也是和谐文化的重要组成部分。不同文化建设中如果没有领导文化,建设和谐文化就失去了基础和方向。因此,只有理解文化多样性的领导文化,才能做到尊重文化差异,适应不同的文化观念,缩小不同阶级之间的文化鸿沟,缩小贫富差距,为社会创造和谐的文化氛围,并促进和谐社会建设。

最后,和谐文化是理想与现实的辩证。和谐是人类追求的一种状态和美好的愿望,实现社会和谐是我们共同的理想,而和谐文化是我们普遍追求的理想文化环境。由于理想和谐的缺乏与现实和谐之间的矛盾,因此我们必须从现实出发,逐步缩小两者之间的差距。

(二)和谐文化的作用

和谐文化在社会发展中起着重要作用,主要包括以下两点。

1. 和谐文化可以解决多重矛盾

在知识经济时代,人们生活在与传统文化环境不同的氛围中,接受不同程度的教育,有不同的宗教信仰,并受到不同环境的影响。这就导致社会群体不可避免地存在多个矛盾,例如兴趣主题、价值观、行为选择和方法等方面的差异。但是,和谐文化可以在和谐思想的指导下解决或统一这些多重矛盾,实现社会群体思想从多元化到统一,使其经历从躁动到稳定,从矛盾到和谐,从分离到凝聚等转变。

2. 和谐文化可以凝聚力量,促进社会进步

社会文化在不断继承和创新,即继承优秀的传统观念并产生新的观念。同时,那些落后和腐朽的文化还没有被人们完全抛弃,不同程度影响着人们的思想。这是由于人们的思想观念有所不同,人生价值观也会不同,从而导致各种不良表现,如心理烦躁、缺乏信念、信念动摇以及行为不规范等。因此,在实现和谐社会的过程中,会有分散的力量和不平等的力量。在这个时代,和谐文化以和谐进步的概念为主导,凝聚了多种力量,形成了促进社会和谐发展的强大动力。

3. 和谐文化是文化的继承和批判性创新

这表明一些文化遗产在人类进步中发挥积极作用,而某些文化遗产则发挥消极作用,即文化遗产不仅是社会进步的加速器,而且可能是社会进步的阻力。因此,在继承文化遗产之前,必须进行理性分析以做出合理区分,并努力减少和排除历史对新文化建设的不利影响,采取"取长补短"的态度。只有不断改善和创新和谐文化,我们才能为实现和谐社会提供强大的精神支持,并促进社会朝着更高层次的和谐迈进。

二、和谐文化建设的提出及意义

随着知识时代的到来,文化知识的重要作用变得越来越突出。大众竞争不再是对资源的竞争,而是对人才的竞争,即对知识的竞争,这决定了其中心竞争力和未来发展。人类文明的历史充分表明,如果没有先进文化的积极引导,人民精神世界的巨大财富和民族的创造精神将难以充分发挥。面对各种各样的思想文化大潮,文化发展对国家发展和人民生活改善的要求,以及社会文化生活的多样化和活跃态势,需要找到一个重要的现实问题———文化发展方向。只有这样才能创造民族文化的新光辉,提高我国传统文化的国际竞争力,增强民族软实力。①

在全球化时代,世界各地和各个领域正在形成紧密相连的整体,主要体现在文化实体之间的相互渗透、相互影响和制约,而各种文化的冲突、激荡和兼容发展已成为世界各地人们文化发展的主题和方法之一。面对世界文化全球化的浪潮,社会和文化活动的多样性以及人民日益增长的文化需求,我国对文化建设做出了新的安排,即进一步加强了和谐文化的建设。同时,构建社会主义和谐社会也是一项重要任务,其中我国社会主义价值体系是构建和谐文化的基础,坚持社会主义核心价值观在思想领域的领导地位,牢牢把握社会主义先进文化的前进方向,弘扬优秀民族文化传统,利用人类文明的有益成果,捍卫和谐理念,弘扬精神。这一建设标准加强了全党和各族

---

① 赵艳婷.浅谈先进文化建设[J].中共太原市委党校学报,2005(3):23-25.

人民的思想道德水平。①

一个国家或民族的稳定与人民的思想和道德基础密不可分。其中,构建和谐文化是当今中国多元文化主义冲突和冲击下相对稳定的思想和道德基础,只有建立这个基础,我们才能确保公众在生活观、价值观和世界观的不同角度不会迷失;只有这样,我们的国家才能站在世界各国文化浪潮中不被淹没。另外,值得注意的是建设社会主义和谐社会是我国提出的一项重要战略任务,要建设和谐社会,就必须建设适合自己的和谐文化,即不仅是构建和谐社会的应有之义,而且也是社会主义核心价值观下的文化思想和理论创新的应有之义。②

和谐文化不仅满足了和谐世界和和谐社会的发展需要,而且符合人类文化史的发展历程,对促进其发展史具有积极作用。它不仅标志着一种新的文化观念的出现,而且标志着一种新的价值体系的存在和一种新的文化阶段的到来,对当代文化的建设具有重要的战略意义。具体含义如下。

(一)和谐文化建设的理论意义

在新发展时期,国家的发展必然需要一种新的文化理论来适应现状。和谐文化就是马克思列宁主义和中国特色社会主义的有效结合。这一文化的出发点是人与自然的和谐发展,缓解人与社会之间的文化矛盾,其重点是融合不同文化,解决人们的现实问题。和谐文化是在搁置分歧的同时求同存异,代表着一种宽容与创新,并且强调以人为本,实现人的全面发展,营造了公平正义、自由的文化交流和民族之间的和谐互动的文化氛围。和谐文化体现了文化价值,为我国的理论发展开辟了新局面。

(二)和谐文化建设的实践意义

1.有利于道德体系的建设

和谐文化是建设和谐世界、和谐社会时的文化融合,不仅体现在客观文化多样性的融合中,而且包括思想、理想和信念,以及社会特征、行为模式和

---

① 中共中央关于构建社会主义和谐社会若干重大问题的决定[EB/OL].新华网,2006-10-01.

② 中共中央关于构建社会主义和谐社会若干重大问题的决定[EB/OL].新华网,2006-10-01.

公共价值观念等的融合;不仅是时代的要求,而且表现出时代的先进性,代表着文明程度。建设和谐文化是研究、捍卫和促进和谐文化的价值取向,为构建和谐社会提供坚实的思想基础,指导人们正确处理社会生活中的复杂矛盾,并鼓励促进和谐的思想和行为。为了不断增加社会生活中的和谐因素,建立和完善社会和谐的保证,应努力创造一个动态法律和道德体系,统一和谐的社会状况,促进社会的快速且牢固发展。① 经济的全球化趋势带来了前所未有的机遇,也引起了许多矛盾,如果不能及时解决这些矛盾,将带来社会甚至全球的不和谐。因此,在构建和谐社会的过程中,必须遵循文化发展规律,坚持发展原则,以群众的根本利益为出发点,着眼于文化的根本价值取向。目前,文化发展寻求事实真相,努力实现共同的理想信念,增强全社会的凝聚力和创造力,形成和谐的精神与和谐的思想,培养具有和谐道德的理想人格,创造和谐的社会环境,丰富人们的精神生活,形成和谐人际关系,建立与构建社会主义和谐社会相适应的道德体系。此外,只要我们积极执行建设和谐文化的原则和政策,努力实现这一历史使命,无疑将为社会主义和谐社会提供一个稳定扎实的思想基础,为公民创造和谐的道德氛围。

2. 促进和谐社会的发展

和谐社会的建设已经成为我国坚持执政为民的标志,是我国谋求人民最广泛的根本利益的现实体现,也是我国政府为人民服务的重要前提和必然要求。近年来,我国高度重视经济、政治、文化和社会建设,着力为人民服务和执政为民;强调彻底落实科学发展观,充分协调促进可持续发展,强调以人为本,始终把最广大人民的根本利益作为"党和国家工作的根本出发点和归宿",照顾好人民的生产和生活;大力推进党内民主和人民民主,充分调动一切积极因素,强调建立社会主义荣辱观,以及构建和谐文化,帮助人民树立价值观念。只有做好和谐文化建设,才能继续加强政府的文化基础和文化意识,更好地完成任务,实现我国政治事业和社会的繁荣,达到长期稳定国家的目的。

---

① 温宪元.建设和谐文化的战略意义.广东省邓小平理论和"三个代表"重要思想研究中心[N].光明日报.2007-4-1700:45.

3. 提供一个健康的文化氛围

在现代社会中,激烈的竞争加剧了人们的生命压力和精神压力,这不仅可以激发人们的战斗精神,发挥积极的作用,还可以产生快速的思维和冲动的心态,甚至产生怨恨,从而导致社会不和谐。和谐文化强调人的取向,并通过培养和谐文化来实现个人的进步和社会的进步。通过了解和谐文化的概念,可以改善人们的精神境界、品位和思想,培养坚强的个性、良好的意愿和健康和谐的人文环境。同时,健康和谐的人文环境也将激励社会成员之间建立和谐良知,不断提高自身的思想道德素质,全面发展科学文化素质,实现人与人之间、人与社会之间以及人与自然之间的和谐发展,最终促进和谐社会的发展进程。

此外,构建和谐文化具有时代现实意义,且符合文化的先进性,不仅促进了人类的自由和整体发展,而且促进了经济和社会的整体和自由发展。这是构建和谐社会必要阶段的指导,也是新时期社会特征的体现。只有当几种文化充分搅动和融合时,才能"取精去粕",体现其科学和先进的性质,并将其转变为先进的文化,这一过程是曲折而反复的,也是一次文化的蓄力飞跃。

三、图书馆与和谐文化建设的关系

(一)和谐文化建设推动图书馆的发展

要想实现社会和谐,除了强大的物质保障外,还需要可靠的文化保障,即强大的精神支持和良好的文化氛围。其中,和谐文化建设致力于解决人与社会、人与自然、人与人之间不和谐和各种文化冲突的问题。随着科学技术的发展,文化日益成为民族凝聚力和创造力的重要来源,也是争夺民族力量的重要因素。① 在这个以文化为武器的时代,如何建设有中国特色的社会主义文化,促进文化创新,增强民族发展的软文化力量已成为当务之急。

---

① 于良芝.科学发展观语境下的文化、公共文化及公共图书馆[J].图书馆建设,2007(6):5-6.

　　和谐文化的建设涉及社会各个方面的系统性建设,其中包括图书馆等文化领域的建设,即表明图书馆建设是和谐文化建设的重要组成部分。图书馆的存在不仅是个人身份的象征,而且是文化和文明手段的象征,城市的文化和谐程度在一定程度上反映在图书馆的建设和发展中。因此,图书馆的发展是国家的"文化展示牌",是国家文化建设的缩影,也是民族文明的体现。此外,评估一个国家是否独立,文明和现代化既取决于其地理环境、经济总量和人均国内生产总值,也取决于其文化发展水平。一个国家与其他国家不同的最重要原因是其文化观念的差异。和谐文化是一个完整的系统,并发挥整体作用,图书馆的文化就是其中之一,这是因为图书馆自身存在的重要性就是文化的传承和积累。随着图书馆的不断发展,图书馆文化逐渐建立,它是图书馆馆藏资源、图书馆环境、规章制度和图书馆价值的共同反映,是图书馆的灵魂,也是图书馆的价值,体现了图书馆存在的重要性。

　　此外,图书馆文化在图书馆建设中起着主导作用。一方面,引导馆员的思想。图书馆有计划地通过外部要求(例如特定的工作法规,管理模式和服务理念)提升图书馆员素养;另一方面,图书馆通过各种文化活动引导读者,构建和谐文化,并在多元文化中寻求团结,深刻理解这一点,积极倡导图书馆文化的发展,才能在人们心中建立和谐文化。

(二)图书馆发展水平促进和谐文化建设

　　和谐文化是和谐社会的象征,而图书馆是构建和谐文化的重要组成部分。

　　首先,图书馆的公益事业有利于构建和谐文化。一方面,随着经济商品化的发展,各种产业呈现出经济利益趋势,导致收费现象普遍和金钱崇拜盛行,影响了人们的价值观、人生和世界观。毫无疑问,图书馆公益性特征成为了一种精神上的慰藉,这是图书馆吸引众多读者的原因之一,即图书馆的吸引力促进了和谐文化的迅速普及;另一方面,图书馆是无条件向社会开放的,不论种族、阶级、国籍以及性别、职业和教育水平如何,所有来到图书馆的读者都将受到平等对待,从而为读者提供平等和受尊重的学习环境。同时,它也为因贫困而无法完成学业的人提供公平的学习机会,缩小了智力差距,使每个人都可以更好地理解和谐文化的构建,使对"和谐"的追求成为所

基础和保证,也是人类和谐与繁荣的前提,具有很高的社会和道德价值。其次,图书馆文献中的信息收集、存储、处理、选择和传递等专业活动包括许多社会和道德关系。这表明图书馆的专业实践只有在道德理论的指导下才能形成本专业中"对""错""好"和"坏"的基本原则。

第三,图书馆本身是一种道德追求。在几千年文明中,图书馆执行了各种任务,例如学术研究、特权教育和公共教育等。

第四,信息伦理学的出现。信息伦理研究的发展使学者可以研究由图书馆活动的收集、处理、组织、发展和服务所形成的伦理关系,并建立专门的分支机构。如今,越来越多的信息伦理研究表明,图书馆学具有道德特征。

简而言之,图书馆学具有人文主义精神,为图书馆的和谐文化建设提供了精神动力和指导,需要我们继承并加以发展。同时,人类社会和人类文明只有在人文主义精神的指导下才能继续发展和提升。

(四)创新是图书馆和谐文化建设的发展动力

现代图书馆管理的精髓在于创新。第一,创新是人类主观能动性的核心体现,代表着人类的自然征服和社会变革;第二,创新是人类迈向更加自由和全面发展的过程,是涉及技术、文化和其他方面的全面变革的过程,其目的是培养社会上人们的所有属性;第三,创新是文化发展的基本特征,也是增强民族文化内涵和力量的源源不断的前进动力;第四,创新是时代发展的独特特征。优秀的图书馆员作为创新的主体是图书馆业务不可或缺的人力资源,其作用毋庸置疑。此外,创新可以打破图书馆传统结构的限制,改革管理流程并提高工作效率,使图书馆能够在未来清晰且敏感地观察文化发展的新趋势、新体系和新问题,以先进的意识做出大胆的决策,并满足未来的发展需求。建立图书馆和谐文化的最根本目标就是激发人类的主观能动性,一旦这一理论被大众所接受和认同,将成为社会发展的一股新物质力量。因此,为了实现文化创新,不仅需要最大限度地发挥馆员的自由,增强馆员主动思考的能力和创造力,而且有必要激发馆员的精神力量,积极发展科学精神和时代精神。

图书馆"新思想、新服务、新管理、新形象"的实现是建立图书馆和谐文化的主要动力,重点是在精神、制度和物质三个方面建设创新文化。在精神层面上,领导者和图书馆员必须遵循共同的价值观和行为准则,即图书馆以"学习知识并提供科学研究"的宗旨,从而实现"努力、务实、奉献、追求真理、善良、诚实守信"的目标。

在制度层面上,根据知识创新项目的需求,结合图书馆系统和领导、业务、管理以及人员等方面的机制变化和图书馆的实际情况,制定了一套规章制度和相关管理措施。为了统一图书馆各个方面的工作,在教育、经济和文化等方面也要求制定规则,并根据其自身特点科学管理。

在物质层面上,图书馆坚持文化与建筑的结合,体现人文关怀,以便拉近图书馆建筑与读者和用户之间的距离,友好而热情地为读者和用户提供知识和信息,并创造便利的服务环境。因此,图书馆通过文化建设创新,初步形成了物质基础和外部形象,简单明了展现图书馆丰富的信息资源和图书馆管理理念,即以图书馆创新和图书馆功能为出发点,进行简洁、生动、融合、收集和分配信息(知识)进行科学交流,体现了图书馆文化的开放性和现代性。

简而言之,构建和谐的图书馆文化是一项艰巨而复杂的工程,也是图书馆建设的永恒主题。为了营造和谐的图书馆文化,我们必须解放思想,还要将理论与现实相结合,在实践中进行探索,并提高创新能力。然而,简单地构建和谐图书馆文化不是最终目标,而是要通过多种渠道构建和谐的图书馆文化,不断创新服务理念和机制,倡导"和谐"和"以人为本"的概念,实现图书馆业务目标,弘扬民族文化。

(五)图书馆在和谐文化建设中的地位与作用

1. 图书馆在和谐文化建设中的地位

人的成长阶段可分为五个阶段:童年、少年、青年、中年和老年。青年是教育的黄金时代,也是价值观的启蒙和形成阶段,这一时期与图书馆知识获取的意识形态、价值观和影响是密不可分的。随着社会阅历和心境的变化,到了中老年,人们会时常回到图书馆来扩充和更新自己的知识。可见,图书馆在人的成长过程中起着重要作用,表明了图书馆在和谐文化发展中不可忽视的社会地位。

2. 图书馆促进和谐文化的实现

图书馆可以促进不同民族或不同地区之间的思想差异和文化差距的和谐统一,既是消除种族、地区和思想差距的最佳方法,也是发展和谐文化的最佳方法,对于发展和谐文化和实现和谐社会具有重要意义。

(1)构建和谐文化必须以人为本。发展和谐文化的中心主题是提高人民的素质,只有使不同民族和不同发展地区人们的思想观念和价值观更接近一条和谐的道路,才能不断缩小现实差距,减少教育落后和知识匮乏的情形。因此,为了加快这些不同发展地区的前进步伐,必须利用图书馆的知识传播功能,通过知识钥匙打开繁荣之门。

(2)当地公共图书馆在构建和谐文化中的状况,决定了它既是知识的桥梁,也是社会经济发展的桥梁。通过图书馆,人们可以学习人类文化的精髓,借鉴前辈的宝贵经验,提高自身素质,从而促进和谐文化的发展以及和谐社会的实现。因此,图书馆作为获取知识的重要阵地,在构建和谐文化、传播和谐文化、建设和谐社会的过程中发挥着不可替代的作用。

3. 图书馆传播和谐文化,倡导和谐理念,营造和谐气氛

构建社会主义和谐社会,需要图书馆在整个社会传播和谐文化,捍卫和谐理念,营造和谐氛围,实现人与自然、人与社会以及人与人之间的和谐发展。同时,作为知识的宝库,图书馆包含数千年的知识资源,不仅传播了人类创造的科学和文化知识,而且传播先进文化的思想和观念。通过传播先进文化,建设和谐文化和和谐理念,引导人们倡导科学、文明、健康、进步的生活方式,不断提高文化素质,消除不和谐因素,并在传统思维中养成行为习惯,努力培养和谐思维,最终形成团结互助、和谐进步、民主平等、互信、奉献的氛围,为发展和谐文化和实现和谐社会做出杰出贡献。

第二节　儒家思想与图书馆和谐文化建设

一、儒家道德智慧下的和谐文化

具体来说,道德智慧是最高的道德水平,是和谐、温和和舒适的精神境界。道德智慧反映了生活哲学,例如生活方式、人类的总和、理想的人格和生活范围。它是一种与人、知己和事物相遇,并正确处理人与自然、人与社会以及人与人之间关系的整体意识和能力,源于人们对宇宙、生命的意义和价值的深切关注和理解,是一个实用的质量体系,可以调节和引导个人的身心健康发展。在中国传统文化中,儒家的道德智慧提倡生命关怀,并在人类的核心价值、群体价值、自我价值和道德价值中重视生命的价值,即最终真正地关切人类生存与发展的问题以及个人生活的问题,反映了中华民族独特的文化特征和人类传统。

从社会认可的角度来看,儒家道德智慧主张人与自然、人与社会的和谐共存,以及自我与整个宇宙秩序的融合;从团体的角度来看,儒家提出了自我理论;从正义和利益的角度来看,"利而不为"的传统道德观念已经积淀了深厚的民族精神。

从本质上来分析,儒家道德智慧的精神是中庸,即"天命之谓性,率性之谓道,修道之谓教"(《中庸》)。其中,"道"就是中庸之道。中庸之道出自于天,人秉承此道即是"性",是人生命之内的道德智慧。进一步理解中庸之道,就可以发现儒家的中庸是指"中和"。"中也者,天下之大本也;和也者,天下之达道也。致中和,天地位焉,万物育焉。"(《中庸》)"中"者,即自然适度,是事物的自然法则。"和"者,即和谐有序,对人来说是指表现出来而符合法度的思想言行。要想达到"中和"的境界,世界上的万物都将在自己的位置上诞生和繁衍。由此可见,"中和"的美德不仅是调节人的情感行为的原则,也是宇宙万物所遵循的规律。

二、图书馆和谐人文环境的要素

图书馆是人类文明史上的一种社会和人类现象。其中,继承文化、传播知识、产生思想和培育人才是图书馆的社会教育功能,它决定了人性是图书馆的内在本质,也表明在弘扬人文精神的根本使命中,图书馆要建设和谐的人文环境。而图书馆人文环境的内涵是指由馆员和读者组成的人文元素,而诸如书籍、建筑物和装饰之类的辅助设施等以人控制和使用的硬件,则是物理环境。

一些学者认为,在图书馆的服务职能中,图书馆的建设和文献信息资料仅占1/4,图书馆员则占3/4,表明图书馆员在阅读服务中的重要作用。此外,图书馆员既是图书馆服务的管理者和组织者,也是信息资源与图书馆文献读者之间的桥梁。例如,图书馆员本着创新和奉献精神为读者提供的主动、热情和优质的服务,满足了读者对知识和信息的客观需求,从而使图书馆的生存和发展成为可能。

因此,要在图书馆中构建和谐的人文环境,就必须将以人为本的理念纳入图书馆的服务和开发建设中,正确把握人与客观世界的关系,解决若干矛盾。正如儒家道德智慧所暗示的:在人与自然的关系中是以人为本的;在人与社会的关系中,道德是基于人与人之间关系的和谐;在人与人之间的关系中,它着重于体验和乐趣,创造了人际关系的美丽与和谐,并建立了和谐的人文环境。在这样一个以人为本的环境中,读者和图书馆员可以获得个人价值并实现个人发展。

三、儒家道德智慧与图书馆建构和谐人文环境

以人为本的现代管理思想和中国传统的道德智慧思想,虽然存在差异,但它们也有着千丝万缕的历史文化渊源,即两者的核心思想是相同的。将儒家道德智慧所揭示的道德原则和规则引入图书馆管理中,以促进人与社会关系的和谐,对构建和谐的图书馆人文环境具有积极的现实意义。

(一)以和为贵——团队的和谐

充分发挥服务社会和公众的社会功能是图书馆管理人员和图书馆员需要不断思考和探索的问题。大量事实和经验表明,员工的团结、人际关系的和谐和团队的凝聚力是图书馆发展的坚实基础。由于儒家的道德智慧要求人们在与周围世界的互动中言行公正、遵守正义和道德准则,了解适当的情感、意志和行为标准,并与他人和谐相处。尽管图书馆员的职责不同,但实际上他们是一个集体和一个团队。因此,要求管理人员和图书馆员、图书馆员和图书馆员之间必须和谐、团结和协调,以创造和谐的工作环境和氛围。要建设一支训练有素、高效的组织队伍,必须从以下方面开展工作。

1.促进精神和谐

实施以人为本的管理,强调对人的尊重,并关注情感需求。在管理方法和手段上,要注意教育、说服和引导,运用合理的情感互动等灵活手段来影响人们的心理和行为。总的来说,就是采用非强制性方法进行调节,以调动人们的积极性和创造力。因此,和谐有利于协调员工并凝聚力量,使员工之间的联系与合作更加紧密。而引入竞争机制,激励机制和教育机制,也可以提高团队行为的和谐度。在服务和管理过程中,要充分利用员工的潜力和智慧,促使其获得工作报酬后的物质满足和精神满足,从而有效提高图书馆服务的质量和效率。

2.改善人际和谐

精神和谐是人际和谐的基础和前提,而人际和谐是精神和谐的客观要求和具体体现,也是实现精神和谐与行为和谐的关键和保证。如果员工的精神和行为无法协调,那么将无法彼此合作,也无法正常工作。这表明图书馆员应消除自私观念,顾全大局,在求同存异的同时,建立和谐的人际关系,互相照顾、相互支持、共同参与、共同努力,只有这样才能达到健康有序的发展。

(二)恪守中庸——馆员与读者的和谐

为读者服务是图书馆永恒的主题,即图书馆价值只有通过读者对图书馆的使用才能实现。由于图书馆员与读者是图书馆人文环境要素的两个方面,是矛盾的统一体。因此,图书馆员与读者的和谐相处是图书馆实施人本管理的有力保障。中庸是中国儒家道德智慧的精髓。董仲舒说:"夫德莫大于和,而道莫正于中。中者,天地之美达理也,圣人之所保守也。"(春秋繁露·循天之道)在儒家思想中,"中庸之为德也,甚至矣乎。"(论语)中庸之道即指遵守道德品质,最能体现伦理道德规范。儒家还提出了以仁育德的思想,指出社会中庸的实现必须以仁为基础,这是最高美德。仁德是中庸的核心,是儒家道德智慧的一般出发点和归宿。孔子:"仁者,爱人。"韩愈:"博爱之谓仁。"正是儒家的仁德观,把人们对道德的追求转化为对人们现实道德生活的培养。这表明遵循儒家的中庸之道,以及践行对读者的人文关怀理念,在构建和谐的图书馆人文环境中并不矛盾,而是相辅相成的。要实现这一目标,必须牢牢把握以下三点。

1. 坚持读者第一的服务宗旨

一切图书馆工作的基本出发点和目的都是为了读者。以读者为先的服务宗旨,不仅关系图书馆的公众形象和读者对图书馆的信任,也关系图书馆员与读者之间的和谐,甚至直接影响馆内文化环境的建设。图书馆将儒家学说纳入图书馆员的职业道德之中,可以提高图书馆员的道德素质和服务质量,并在自律中发挥良好作用。同时,使图书馆员在满足读者需求的过程中,坚持为读者服务的理念,体现在做事细致、工作作风严谨、态度端庄友好和具备开拓精神,但最终目的还是让读者感到喜悦和自信。

2. 体现人文关怀的服务内容

首先,要建立保护读者平等权利的制度。图书馆向读者免费开放,读者可以平等享受图书馆的所有服务和帮助,即在遵守图书馆规章制度前所有人都是平等的。其次,开展各项工作,坚持宣传图书馆公益性服务活动,把图书馆的社会效益放在重要位置。最后,图书馆必须为读者提供基本服务,即自我满足服务和深度服务,例如阅读指导、咨询和主题确定。这就要求图书馆员加强教育和再学习,并不断提高其业务能力,不仅必须掌握图书馆本身的专业知识,还必须了解某些学科的前沿知识,甚至是多种知识的结合,否则将对读者的咨询无能为力。简而言之,提高服务效率,优化服务手段和服务方式是图书馆员永恒的追求。

3. 倾注感情的服务过程

图书馆服务是无聊的、琐碎的和机械的,若是图书馆员态度上有所松懈,服务就会降温。但是,当图书馆员面对读者时投入热情,提供人文关怀并及时回应时超出各种标准的需求,该服务则将人文关怀纳入其中,并成为具有内涵的服务文化。在这一情况下,图书馆员凭借其职业道德、真诚、热情、耐心以及亲和力,缩短了与读者的距离,并使读者与图书馆之间的关系更加融洽,从而建立了一个舒适温馨的图书馆。

(三)慎独内省——馆员自我和谐

图书馆员在构建和谐的人文环境、图书馆的生存与发展中发挥着重要作用,图书馆员的职业道德、敬业精神和专业能力等综合素质是他们做好服务工作的基础。除了规章制度、教育培训等必要的客观条件外,馆员的道德自律和对智力和潜能自我实现的不懈追求,也是不断提高馆员综合素质的决定性因素。

儒家认为,生命的道德智慧主体是道德自我,道德自我的本质则是良知,表明道德智慧的最高境界是实现内心的良知,这是一种追求善的内省品质。孔子主张"见贤思齐焉,见不贤而内自省也"(论语·里仁)。他的学生曾子力行"吾日三省吾身"(论语·学而)。此外,慎独是道德自觉的高度表现,"君子戒慎乎其所不睹,恐惧乎其所不闻。莫见乎隐,莫显乎微,故君子慎其独也。"(中庸)其中,慎是一种谨慎和深刻意识的心理状态。儒家思想提出,真正的圣贤、君子都是具备良知、自省、自律以及遵守道德的,这也是古今中外圣贤获得理性幸福和真理的正确途径。因而图书馆员可以继承儒家的道德智慧,并通过良心和内省的培养实现自我和谐。在培养道德智慧的自我完善方面,图书馆员可以形成高度的道德人格境界,利用道德生活和智慧生活来指导人们的生活,指导他们减少自私和贪婪的心理。同时,图书馆员具备奉献精神,他们在日常工作中常常表现出强烈的责任心和热情。

因此,首先在图书馆员的道德智慧和自我完善方面进行培养,只有这样才能够提高与他人相处的能力。同时,还要在人与人之间的矛盾和冲突中保持一定的平衡,在与他人的互动中表现出接受、理解、尊重、宽容、正直和友谊的特质,这一培养模式有助于图书馆员以自己的意识和对服务工作的亲和力,促使他们为读者提供积极、热情和高质量的服务。其次,图书馆员在培养个人完善性和道德智慧的过程中,要注意言行举止、观念的变化以及自我反思,使他们能够改变并实现自我价值。

第三节 图书馆和谐文化建设的问题分析

馆藏结构是描述馆藏状态的重要概念,它是特定馆藏系统中一组不同学科、不同级别、不同载体和不同出版时间的定量模型,其具体的收集结构反映了收集系统可以作为一个有机整体的价值取向。另外,馆藏结构的原理没有绝对标准,这主要取决于图书馆本身的性质、任务、服务对象和需求。

一、图书馆的馆藏现状影响和谐文化建设

(一)馆藏结构不合理

随着科学技术的发展,主题类别、读者数量的增多,使得图书馆对文献信息的需求急剧增加,馆藏机构呈现出动态发展态势,公共图书馆的信息服务面临前所未有的挑战。因此,及时分析当前图书馆暴露问题的症结并得出有效解决问题的方法,可以在更大程度上满足人民日益增长的文化需求,并充分理解公共图书馆的社会价值。目前,我国公共图书馆馆藏结构不合理,表现在大众文化文献在增加,精英文化文献数量在下降,导致人文、科学和技术学术著作和纯粹的文学作品缺乏市场,文化的要点已经完全改变等方面。从公共图书馆借阅记录中不难看出,大众文化的普及程度远高于精英文化,表明精英文化正处于前所未有的危机之中,凸显了精英文化与大众文化之间的矛盾。

在这个多元文化动荡和融合的时代,世界在变化,物质欲望在泛滥,这是时代的变迁和社会转型的必然结果,也是社会价值规范的缺失所造成的。因此,在关注科学技术的飞速发展时,还必须关注人的价值取向,只有树立正确科学的价值观,才能为人民创造一个和谐自由的发展空间,实现国家快

何正确处理本土文化与外来文化的关系,已成为构建和谐文化的关键问题之一。其中,公共图书馆作为和谐文化建设的最佳场所和归宿,发挥着不可替代的作用。纵观我国五千多年的文明史,我们既有本民族的"语言、文学、科学、艺术、哲学、宗教、风俗、节日和传统",也有"饮食、衣着、住宅、生产工具"等特殊的生产生活习惯;既有老子的朴素辩证思想、孔子的人生观和世界观以及孙子兵法的战争观等思想性代表,也有"仁、义、礼、智、信、忠、孝、节、义"等具体行为准则,更有"《诗经》《离骚》《史记》《汉书》《资治通鉴》《黄帝内经》《伤寒论》《本草纲目》《徐霞客游记》《茶经》……"这些内容涉及文艺、教育、历史、伦理、医学、绘画、建筑、农业、冶金、旅游、宗教以及体育等各个领域的民族文化精髓。

在这个混乱而复杂的文化环境中,公共图书馆的教育功能已经成为指导公众应对本土文化和国外文化关系的有效途径,值得我们重视。其中,图书馆的教育功能是指图书馆员自觉和积极地教育和指导读者,具有明确的目标和指导意义。正常情况下读者自己从图书馆进行借阅,而工作人员不会主动为读者提供专业指导,即图书馆员与读者之间的关系是被动和简单的,并不具备教育功能。此外,由于专业图书馆员较少,大多数一线图书馆员都不是专业人员,因而很难为读者提供专业的图书馆服务,这大大降低了公共图书馆的教育功能,直接削弱公共图书馆教育功能。这一现状使得读者只能根据自己的知识判断本土和外国文化的是非,很难正确判断外国文化的利弊。

随着经济全球化的发展,文化全球化已成为必然,但全球化不是简单的文化同质化,而是在追求多元文化的同时凸显本土文化的特征。通过建立和谐文化,公共图书馆充分发挥教育功能,成为解决本土文化与国外文化矛盾的有效手段。

三、图书馆市场阻碍了文化企业与文化产业的协调发展

文化企业和文化产业是两个根本不同的概念。图书馆和博物馆等文化机构作为典型的文化企业之一,一般不注重经济利益,主要通过政府部门的财务担保或其他商业组织的捐赠向公众提供平等和免费的文化产品。所谓

校校园文化为背景,图书馆文化为基础,并将和谐理念作为图书馆信息资源管理和提供服务过程中的价值取向,是思想物质、心理状况、知识体系、道德规范、行为方式和外在形象等形式的总和。高校和谐校园文化作为一种以内外和谐和协调发展为核心的素质教育模式,既是一种综合的、自由的、协调的、整体优化的以及由校园连接起来的各种文化元素的教育氛围,也是学校教育各子系统和要素的协调运行,而其中学校教育、社会教育和家庭教育和谐发展的教育整合是以学生发展、教师发展和学校发展为目的的整体效应。高校图书馆和谐文化是高校图书馆文化性质和特色的局限,但其也是高校和谐校园文化的重要组成部分,这也是高校图书馆文化与其他图书馆文化的区别之处。

从广义文化观来看,高校图书馆和谐文化是物质文化、精神文化、制度文化和行为文化的有机统一,且具有思想性和物质性等特征;不仅是历史的积淀,也是现实的存在,而且是对未来的预测;不仅是高校和谐校园文化的有机组成部分,而且是社会和谐文化的重要组成部分。具体来说,高校图书馆和谐文化是指图书馆员与读者、馆员与资源、读者与资源之间保持良好协调,使图书馆员"各司其职",读者"各取所需",以此来建设图书馆的和谐环境、构建和谐氛围。随着互联网的发展,传统图书馆馆藏资源优势与网络信息资源优势互补,是图书馆系统与其要素之间能够和谐发展的推动力。目前,我国就是要建设面向现代化、面向世界、面向未来,民族的、科学的、大众的社会主义高校图书馆和谐先进文化。

二、高校图书馆和谐文化的特征

(一)时代性与先进性相统一

文化的当代性是文化遗产发展的体现。自古以来,人类社会的发展一直与生产力的发展保持一致,而文化也随着社会的发展而发展,具有时代特征。在当今社会中,图书馆文化是基于信息媒体的一种文化,是一系列图书馆现象的完整集合,该现象是由多个载体收集文献信息资源,进行科学的组织,并为公民提供知识和信息服务。这是由于书籍和文学是从远古时代到现在的无数人的智慧创造的知识,可以为整个社会的生产力发展提供精神动力和智力支持,是国家进步和繁荣的内在动力。

高校图书馆的和谐文化作为高等学校先进文化的代表之一,是校园和谐文化的重要组成部分。因此,时代性与先进性的统一是高校图书馆和谐文化的最典型特征。

(二)学术性与前沿性相适应

一般来说,在综合高校中,图书馆是学术机构。从文化的角度来看,它是文化遗产和发展的最高端,具有领导文化的历史责任。因此,高校图书馆不仅要顺应文化资源的普及,而且要着眼于高端,特别是在前沿思想文化资源的建设上,应努力成为各高校高水平人才和科技信息资源分配的中心,为师生提供高水平的文化资源环境。

一般来说,在高校图书馆的工作中,通过分类、交流、接收以及添加等方式,对文献进行选择和集中,然后采用分类的方法来改进和合理确定图书馆文献中信息的类型和数量,并为高校教师和学生的教学研究提供书目信息。随着科学技术和高等教育的飞速发展,作为现有的文化资源分配机构,高校图书馆具有独特的文化价值取向,可以将其服务功能扩展到相关功能领域从而引导其服务水平达到最高的文化发展水平,为创造图书馆事业和师生的文化资源创造高水平的环境,并向高校提供文化,以履行其对历史和文化发展资源参考的责任。此外,还可以通过促进"图书馆门户"技术的应用,尽快实现资源和服务的不间断连接,并提供个性化和科学的信息服务,最大程度地发挥文化资源的作用。

(三)人文性与科学性相结合

中国传统的思想文化是伦理文化,其最重要的内容是人文主义。由于中国传统文化注意以人为本,甚至把自然拟人化,充满了人文精神,因此对图书馆产生了深远的影响。其中,由于图书馆文化的人性是指人是图书馆文化的主体,表明图书馆文化最重要、最直接的功能是引导和感染人的价值观,具有深厚的人文色彩,这是高校图书馆和谐文化的特征之一。同时,我国传统和谐思想文化包括"博爱"和"仁爱"的思想,"推己及人"的原则,"利己"的精神和"忘公忘私"的思想境界,这为现代高校图书馆树立"读者第一、服务第一"的服务意识,为馆员与读者的良好关系提供了一套具有极其重要意义的行为准则和价值尺度。

此外,教师和学生是独立的、主观的和创造性的:一方面,促进了图书馆服务质量的不断提高。例如,根据阅读倾向所提供的科研趋势,对信息服务进行跟踪和确定①;另一方面,他们也间接参与图书馆文化建设中的阅读活动,如通过阅读书刊对图书馆馆藏建设提出反馈意见,促进了图书馆阅读指导、宣传、教育等活动的开展。简言之,高校图书馆的和谐文化应体现其深厚的人文基础和更高的人文境界,要求图书馆员坚持"读者第一,服务第一"的服务理念,并根据读者的实际需要充分发挥自身的专业知识能力,为读者提供优质的信息参考和文献知识服务。

事实上,高校图书馆和谐文化既是人文的,也是科学的。所谓文化的科学性,是指文化的客观性和规律性。要想构建高校图书馆和谐文化,必须树立科学精神,坚持客观性,实事求是,遵循客观规律,坚决反对形式主义,坚持理论联系实际。只有把人与科学有机结合起来,才能达到目的性与规律性的统一,体现真善美的统一。

(四)包容性与开放性相协调

和谐社会的核心是不同事物和谐共存,反映了更广泛的包容性。在中国古代,一些思想家已经明确提出"和而不同";欧洲哲学家也同样提出,回顾人类历史发展的过程应该是"和谐将产生正义与美丽"。在 21 世纪,人类必须更具包容性并相互发展,这也是一种包容性态度。②

高等学校是形成优秀人才的教育机构,汇集了人类最好的文化遗产,既可以满足不同群体和不同层次的信息需求,又为所有人的发展服务。同时,由于当前是信息资源数字化、经济全球化和文化多样化的时代,要求高校图书馆文化不仅要吸收优秀的传统学者文化,而且要有选择地吸收国外文化,提高自身创造力,建设与时俱进的和谐高校图书馆文化,并具有包容性和开放性。

---

① 金星.高校图书馆在构建和谐校园中的作用[J].科技风,2009(20).
② 李克强.中国经济不会硬着陆[OL].人民网,(2014-06).

三、建设高校图书馆和谐文化的重要性

在高校图书馆中,建立和谐文化是高校图书馆工作的重要组成部分。优秀的图书馆文化不仅可以促进整个学校的教育管理、教育思想和教育方法的改革,而且可以指导学生坚定迈向正确的发展方向,提高思想道德素质和发展智力,并且丰富文化生活。同时,图书馆和谐文化对学生的健康成长具有重要影响。这表明加强图书馆文化建设是和谐校园文化建设的需要,也是实施教育政策和素质教育,促进学生全面发展,以及提高教育内容的必然要求。但需要注意的是,在高校图书馆和谐文化建设研究中,必须坚持科学发展观,不仅以服务中心思想为标准,而且要以提高服务质量为指导,全面推进图书馆教育;不仅要以质量为指导,而且要以广大员工和读者为主体,在此基础上着力构建和谐的高校图书馆文化;不仅以图书馆的文化活动为依托,突出个性化、系列化、人性化以及生态化等图书馆文化特征,而且要不断完善图书馆的经营理念,并逐渐形成自己的文化特色。

(一)有助于培养馆员与读者的和谐文化素质

高等教育是学校教育的高级阶段,也是素质教育的重要阶段,在世界观的形成和发展、专业领域的建立和学习以及专业知识的提升中起着重要作用。在高校中实施素质教育不仅是行政或业务部门的义务,还需要学校各部门的共同努力,其中高校图书馆具有进行素质教育的独特条件,这些条件是学校教学和科研的基础,也是其进行素质教育的优势。因此,高校图书馆在高校素质教育中起着非常重要的作用。

1. 图书馆员

高校图书馆文化主要通过服务发挥作用,因而图书馆员作为图书馆工作的重要组成部分,在外部服务方面将受到影响。因此,只有提高文化素养,图书馆员才能成为优秀的图书馆员。此外,高校图书馆的和谐文化为提高图书馆员的文化素养提供了良好的平台,既影响和改革图书馆员的服务观念,使图书馆员树立为读者提供优质服务的意识和观念,又创造读者和图书馆员和谐相处的氛围,促进了高校图书馆和谐文化的建设。

2.读者

高校图书馆为读者服务。这表明和谐图书馆文化的建设,不仅有助于提高图书馆员的文学素养,而且可以提高读者尤其是大学生的文学素养。通过构建和谐文化,学生能够主动接受学校的教育方式,从而帮助学校履行教育职能。因此,学生道德与行为道德的定位与培养是以"滋润与沉默"方式进行的,这在学生的反叛心理中很难引起认同感。① 简言之,高校图书馆和谐文化的作用是使读者感受到革新的文化氛围和浓厚的人文内涵,并融入图书馆和谐文化建设中。

(二)有助于推动高校图书馆和谐发展

高校图书馆文化是在图书馆发展过程中逐渐形成的,它是对图书馆环境、馆藏资源、规则和规定以及图书馆价值的完整反映,也是图书馆的灵魂,体现了高校图书馆存在的重要性,并在价值取向中起着重要作用。一方面,无形地指导了图书馆员能力素养的提升,即通过工作系统的特定要求、管理方式、行为规则和服务理念,图书馆员的思想在不知不觉中发生变化并趋于统一;另一方面,高校图书馆通过书籍资源、公共学术活动和公益活动等文化活动引导读者。和谐文化的构建不是多种文化的混淆和杂合,而是多种文化元素的构建,只有深刻理解这一点,并积极倡导图书馆和谐文化建设,和谐文化建设才能深入人心。可见,图书馆建设是完善和谐文化建设和实现多种文化融合的重要途径。构建和谐文化会对图书馆文化进行改善和补充,并且将促进高校图书馆事业的快速发展。

(三)有助于推动高校和谐校园文化建设

高校图书馆是重要的文化资源基础设施和信息服务中心,是提供教学和科研服务、社会信息和高校信息的重要基础的学术机构。为促进校园和谐文化建设,加强高校图书馆和谐文化建设的措施主要为以下方面:一是宣传。高校图书馆以其丰富的馆藏资源,灵活多样的服务形式和良好的学习环境吸引着学生,成为学生打发空闲时间并促进校园和谐文化建设的地方。二是教学。高校图书馆除了提供大量书籍和材料外,还可以通过整合深层

---

① 张辉程.校园文化与图书馆文化建设[J].廊坊师范学院学报,2009(4).

次的知识来组织各种形式的学术研讨会，以满足读者的不同信息需求，从而提高读者的文化创新知识以及教学和研究能力。三是社会实践。高校图书馆可以招募学生志愿服务团队来参与图书馆管理，使他们养成爱书和学习知识的习惯，帮助他们树立为他人服务的意识，以提高责任心、锻炼实际工作精神、培养社会实践技能以及学会处理人际关系。这也是图书馆在构建和谐高校文化中的独特作用。四是文化娱乐作用。高校图书馆通过编纂和订购大量文学书籍、艺术专辑和视听产品等，不仅为专业研究人员提供了研究材料，而且为读者提供了享受和放松的机会，以微妙的方式影响教职员工和学生的思想和行为。这也是高校图书馆吸引众多读者的原因之一。

此外，高校图书馆对学生的吸引力促进了和谐文化的建设：一方面，高校图书馆无条件开放，对所有来图书馆的人一视同仁，并尽可能为读者提供平等和尊重的学习环境；另一方面，它还可以为贫困学生提供学习和减轻生活负担的机会。因此，图书馆文化使我们能够更好地理解并构建和谐文化的意义，使"和谐"成为所有人的终生追求。

四、高校图书馆和谐文化的功能

高校图书馆是高校一个独立的机构和体系。它在自身的运作过程中，不仅体现了校园文化的功能，而且必然表现出其独特的功能，表现在社会和谐文化与高校图书馆和谐文化之间的差异。实际上，高校图书馆的和谐文化是通过各种文化活动的组织和管理为读者服务，融合了在学习和日常生活中建立和形成的行为规范、文化观念、价值观和道德规范，并得到了培养和升华。此外，高校图书馆的和谐文化作为高校思想政治教育的载体之一，十分有必要对其进行研究。和谐文化在高校图书馆中的作用主要体现在以下几个方面。

（一）交流传播功能

历史学家季羡林曾经说过："文化交流是推动人类社会前进的主要动力之一。古往今来，地球上几乎每一个民族都有自己的文化创造。文化不论大小，一旦出现就必然向外流布。我认为这可以算是文化的一个特点，全体人类都蒙受了这个特点之利。如果没有文化交流,我们简直无法想象今天世界中的文化会是一个什么样子,人民生活水平会是一个什么样子。"①另外,图书馆文献是古今中外千百万人的智慧汇聚而成的,因而高校图书馆是知识的海洋,是知识的宝库,其主要职能是文化交流和文化支持。综上所述,图书馆的文化交流传播功能可以促进开展广泛的文化交流活动,如读书活动、知识竞赛活动、专题辩论以及知识讲座等知识传播活动。

(二)继承创造功能

高校图书馆既是图书馆信息的集中场所,又是师生最常使用的学习场所;既是一个与教学合作以吸收以前的知识和经验的地方,又是创新知识和经验的研究地。从这个意义上讲,高校教师和学生应该被认为高校图书馆文化的主体。但是,高校不仅培训本科生,而且还培训硕士、博士生甚至博士后。通常,这些当前或将来的高级专业人员不满足于获得简单的传统知识,因而在图书馆他们不仅吸收了最基本的知识信息,而且还积累了新知识,发现了许多知识信息部门的内部联系,这十分有利于学生的再学习。此外,高层的文化学科决定了高校图书馆文化的创新功能,这一功能可以鼓励学生提出新的问题,形成新的想法,解决新的问题,并指导学生开展创新活动。

(三)教育引导功能

为了培养合格、优秀、具有道德文化和纪律严明的公民,各大高校必须正确指导学生努力成为德智体美劳全面发展的新青年,这取决于党的教育政策和学校教育的方向。同时,高校图书馆的文化活动还必须服从并服务于我国政治方向,并引导学生朝着这一目标迈进。由于高校图书馆的和谐文化是我国内外智慧和知识的长期积累和选择,因此只有继承和发扬中华民族的优秀传统文化,体现积极、健康的生活态度,才能引导学生追求真理,激发师生思想、发展师生的智慧、训练师生的专业技能以及激发其创造力,最终改善校园中的教学文化氛围和学生素质。同时,高校图书馆的和谐文化导向还必须确保是积极正确的,必须营造自己的文化氛围,使学生身心和

---

① 季羡林.东学西渐[M].石家庄:河北人民出版社 1999:15.

谐。此外,高校图书馆作为精神文明建设的主要阵地,不仅充分发挥其教育功能,并通过一系列积极、健康和丰富多彩的广告活动宣传社会主义、爱国主义和集体主义等主题知识,为读者树立了正确的价值观。

(四)检索服务功能

高校图书馆读者服务的传统内容是馆员处理和整理图书、报纸和期刊,并向读者提供服务。然而,现代高校图书馆基本都使用计算机、复印机等现代设备,导致图书、报刊的采编,以及借还图书的流程,都离不开自动化。因此,图书馆要真正做到"读者第一、服务第一",必须根据读者的实际需求合理组织文献收藏,利用现代信息技术开展各种文化活动。此外,做好图书馆的文献开发和网络文献利用工作,在为师生提供快速、准确的新文献信息的同时,提高自身素质,掌握自动化检索和服务能力,为图书馆发展做出贡献。

(五)统一协调功能

和谐文化在高校图书馆中的协调作用,是指图书馆注重文化因素对图书馆员和读者心理的影响。它强调从文化的角度对工作人员和读者进行教育,引导和调整工作人员的文化生活,保障读者的心理健康,促使员工与读者的和谐相处。同时,通过各种文化活动的开展,沟通员工与读者的情感,协调员工与读者的人际关系,使员工在工作中保持共同的价值取向、思维方式和行为方式,并保持快乐的心情,形成工作合力,达到提高工作效率的目的。这表明只有协调好图书馆的各个要素,才能使图书馆成为一个复杂、协调及统一的整体,保证日常的正常运行。

五、高校图书馆和谐文化的内容

(一)图书馆物质文化的重构

高校图书馆的多种文化特征是指图书馆的硬件部分和物化体现,即物质文化。其中,物质文化主要涉及高校图书馆的物质形式,例如建筑规模、绿色环境、装饰设计、文献资源和基础设施。这是维护高校图书馆正常运转的物质支撑,也是促进高校图书馆和谐文化建设的必要条件。作为学生学习和图书馆员工作的主要场所,其物质文化建设既应着眼于图书馆文化显学、图书馆价值观、图书馆精神、图书馆道德和图书馆特征。[①] 高校图书馆的精神文化应该是图书馆文化体系中最独特的一种文化,主要体现在图书馆员的精神特质和价值观上。具体来说,图书馆的精神文化组成必须包括两个方面。

建立图书馆的核心价值。图书馆的核心价值观是高校图书馆精神文化的核心。如果图书馆各人群具有共同的价值观,则意味着图书馆员和读者的思想是统一的,即所有员工都可以朝着一个共同的目标努力。和谐的图书馆精神文化实际是一种无形的力量,可以通过刺激和限制思想和行动来达到文化教育的目的,有助于增强图书馆员的热情,激励学生学习,并营造和谐的文化氛围。因此,在高校图书馆中构建和谐精神文化,可以反映高校图书馆的理想和目标,以及发展的方向和服务宗旨。

调整图书馆内部结构关系。高校图书馆的人际关系是高校内部人际关系的一部分,是一种特殊的人际关系,包括图书馆外部人际关系和内部人际关系。其中,图书馆外部人际关系代表图书馆与其他高校图书馆和社区图书馆之间的关系;内部关系是指图书馆管理层与图书馆员之间的关系,图书馆员与读者的关系,以及读者与读者的关系。和谐的人际关系可以促进图书馆的发展,帮助图书馆与社会紧密合作以形成联盟,并更好地为图书馆教育功能服务。

(三)图书馆制度文化的完善

作为高校图书馆文化的一部分,高校图书馆制度文化既是图书馆物质文化的工具,又是精神文化的产物,与精神文化一同构成了规范图书馆各种社会关系的规则。这些规则指图书馆的规章制度、管理方法、组织方法、规章制度和实施方法,以及图书馆的书面制度,例如借阅系统、借阅室管理系统和馆藏管理系统。它可以引导图书馆员和读者产生心理认同和行为同化,并形成心理和行为的刻板印象。然而,在长期实践过程中,高校图书馆已经具有比较成熟的系统。因此,高校图书馆的和谐制度文化建设应在图书馆领导体制和组织管理体制等方面体现其和谐理念,从而促进高校图书

---

① 王艳.以人为本的图书馆文化建设探析[J].西安邮电高校学报,2013(z1).

馆的发展。制度文化建设的内容主要包括以下两点。

1.建立制度管理系统

随着高校图书馆和谐文化的建设,一些旧的体系不能发挥应有的作用。这表明我们必须在确保科学、公平和合理的基础上改革制度,以保障广大师生的利益。因此,图书馆规范的制定者应该把握时代发展的方向,建立和完善适合图书馆发展的新图书馆体系,使图书馆的活动有章可循,并确保图书馆秩序的正常维护。

2.促进制度文化的人性化

制度文化是图书馆管理应遵循的行为准则,包括针对读者的规则或说明、图书馆员的行为准则、图书馆管理的各种工作系统、岗位职责制度、评估制度以及奖励制度和惩罚制度。其主要目的是规范和限制图书馆员(包括读者)的行为,以维护图书馆的重要工作秩序,确保图书馆的正常开放和运作,以及合理使用图书馆文献。因此,在以师生为主体的高校,所有制度必须体现以人为本,只有这样图书馆工作才能充满活力。

(四)图书馆行为文化的调控

高校图书馆的行为文化是指高校图书馆员和读者在实际活动中的各种行为模式、行为规范和行为取向,如图书馆领导者的管理行为、文明术语和读者服务。这些活动内容不仅是人际关系和精神文化的外在体现,而且是高校图书馆文化的具体体现。图书馆行为文化规范包括以下几个方面。

1.培养健康文明行为

高校图书馆的积极行为文化将会促进师生养成文明习惯,抵制不良习惯并健康成长;而不健康和颓废的图书馆文化将迅速摧毁整个图书馆乃至校园文化,造成各种问题,甚至影响学生的健康成长。此处,由于图书馆制度文化包含行为文化,在这种框架下,可以鼓励图书馆员和读者展示自己的独特风格并积极创新图书馆文化。因此,营造积极、健康、向上的图书馆行为文化对加强高校图书馆和谐文化建设具有重要意义。

2.组织各种图书馆文化活动

开展各种积极健康的阅读活动,不仅可以激发师生和图书馆员的课外文化生活,而且可以增进师生和图书馆员之间的友谊,丰富师生和图书馆员谐文化素质的培养。

(一)培育核心价值观导向下的图书馆精神

所谓科学精神,就是倡导科学、尊重科学研究、应用科学和先进的技术条件,提高工作效率和服务质量;所谓人文精神就是图书馆的理念,在工作和环境中体现以人为本的概念,以满足人们的需求、实现人的价值、追求人的发展、体现人文关怀。而社会主义核心价值观是各族人民共同价值观的"最大共同点"。其中,社会主义核心价值观与人文精神内容体系的辩证统一必须以社会主义核心价值观为指导,以培养科学的人文图书馆精神。

图书馆精神作为图书馆文化的灵魂和支柱,可以将图书馆实力的各个方面集中于图书馆的发展目标,有利于增强图书馆员的凝聚力和向心力。因此,高校图书馆员应遵循"大图书馆"的精神。所谓"大图书馆"精神是指面向现代化、面向世界和面向未来的图书馆精神,也指图书馆以人为本的精神,以服务于读者和公众。在高校图书馆的发展与建设中,必须坚持科学精神与人文精神并重,走科学精神与人文精神协调发展的道路。许多高校图书馆结合图书馆的实际情况,反复征求意见,用简单而富有感染力的话语表达了图书馆的精神。例如,一些高校图书馆提出了"团结,进步,努力,发展,创新""读者至上"等图书馆精神。此外,通过对图书馆精神的广泛宣传,使图书馆员和读者可以理解、融合并付诸实践。只有这样,精神文化这一抽象价值才能体现在特定的信念中,增强图书馆文化向心力和凝聚力,并使图书馆实力的方方面面集中到中心工作上,体现出高校图书馆丰富多彩的精神。

此外,由于高校图书馆的精神是图书馆员在实践中树立的,体现了图书馆员的共同价值观。这就要求图书馆员应努力实现图书馆的核心价值观,弘扬图书馆精神,就图书馆文化达成共识。当前,许多高校图书馆都采用"读者至上,服务第一"的价值观教育图书馆员工,使具有不同价值观、不同精神需求和不同心理活动的员工产生共鸣,营造积极健康的服务氛围。在图书馆服务中,一切符合图书馆价值观的言行必须得到员工的支持和赞扬;相反,违反图书馆价值观并且不寻求进步必然遭到员工的强烈反感,这充分显示了图书馆价值观在协调人际关系的重要作用。例如,一些图书馆提出"图书馆与我"和"与图书馆一起成长"等活动,在图书馆中营造一种文化氛围,以期在共同的目标和价值取向下激励员工,以实现员工的个人利益和整体利益的统一,体现了图书馆核心价值观和图书馆精神的强大凝聚力和吸引力。

(二)图书馆各种资源的合理配置

高校图书馆和谐文化的建设,不仅要以社会主义核心价值观为指导,以精神为支撑,而且要有扎实的图书馆资源作为坚实的物质基础。其中,图书馆资源除了文化资源,还有物质资源,包括五个方面:人力、财务、物质、信息以及技术。

第一,人才资源是指图书馆的管理人才,这是图书馆最重要的资源,因而要积极培养和引进高素质的图书馆管理人才,为高校图书馆的现代化提供人才保障。

第二,财政资源,即包括图书馆资金在内的所有经济来源。建立高校图书馆和促进高校图书馆文化的和谐发展需要足够的财政支持,高校必须加大对图书馆的投入,赢得社会的支持。

第三,物质资源,是指图书馆所需要的物质条件,例如场所、书籍以及设施等。要建设现代化的图书馆,就必须扩大物质资源,建设现代化的图书馆,增加各种服务设施,收集多种学科和领域的信息资源和书籍,美化图书馆的生态环境。

第四,信息资源,是指图书信息。建设现代和谐图书馆,必须掌握中华民族的传统文化信息资源,同时引进新的外国文化信息资源,并转化和加工各种文化信息资源,为读者提供丰富的精神食粮。

第五,技术资源。所谓技术资源,是指高校图书馆所需要的现代科学技术,主要是指网络信息技术。如今,我国普遍采用现代信息技术来建立数字图书馆,这是现代图书馆的重要标志。因此,要加大投入力度,努力搭建图书馆信息技术平台,建设电子阅览室,利用微信、微博等信息技术为读者提供优质的图书信息服务。

然而,若要为高校图书馆和谐文化创造新常态,首先必须妥善处理好各种资源之间的关系,优化图书馆资源的配置,形成各种资源的"协同"效应,促进高校图书馆文化的协调发展。首先,必须合理配置人力资源,选拔优秀人才担任图书馆管理人员,提高图书馆人员的综合素质,为读者提供高质量的图书信息服务。其中,图书馆领导人员作为带头人,必须特别注意引进国内外的高级专业人员。其次,合理配置财政资源。一方面,有必要拓宽财政渠道,吸收社会和私人资金发展图书馆;另一方面,必须进行资金资源合理分配,提高图书馆工作效率。再次,物质资源的合理配置。高校图书馆的建筑应合理配置,以充分利用所有空间,还应当节约图书馆办公空间,自觉遵守中央八项规定,以确保办公空间不超过标准。但是,还是有必要扩大阅读室的面积,为读者提供足够的阅读空间。此外,为了满足师生在教学和科研中的需要,必须合理购买书籍和期刊,以适应高校学科和专业的发展,还要美化图书馆的生态环境,为读者提供优美的阅读环境。再者,合理分配信息资源。这表明我们需要正确处理中国传统文化信息资源与国外现代文化信息资源之间的关系,做到中西文化结合。① 图书馆还应正确处理历史文化信息资源与现代文化信息资源之间的关系。一方面,必须积极购买和保存各种古籍;另一方面,必须积极购买最新书籍。另外,有必要处理各学科信息之间的关系,以便使图书馆馆藏结构体现和谐统一的人文精神。最后,合理分配技术资源。大力发展和利用现代信息资源,在高校创建和发展数字图书馆,使传统图书馆和高校数字图书馆共同发展、相互促进,从而提高图书馆人员网络技术水平,最终达到为高校数字图书馆建设提供强大力量的目的。简而言之,只有合理分配各种资源,才能促进图书馆文化的和谐发展。

(三)协调图书馆各种人际关系

在知识经济时代,图书馆工作必须以"以人为本"的思想为指导,即图书馆业务流程的每个环节都以人为本,最大程度满足读者需求,这是图书馆最基本的出发点和落脚点。对于高校图书馆来说,以人为本的服务理念是人性化的,这就要求图书馆员要建立和谐的人际关系文化②,主要表现在三个方面:一是图书馆领导与馆员之间的关系是和谐的。二是图书馆员与读者之间的关系是和谐的,这是解决矛盾、相互了解和促进人际和谐的主要途

① 周晓阳,张多来.现代文化哲学[M].长沙:湖南高校出版社,2004:165.
② 赵虹.高校图书馆的 SWOT 分析[J].内蒙古科技与经济,2010(3).

径。有效的沟通是人们相互了解的主要途径,而协调则是各方交流信息、相互了解、解决内部矛盾以及实现人际和谐的重要途径。三是遵循平等原则。"人人平等"主要是指人格平等,图书馆员之间的平等,图书馆员与读者之间的平等以及读者与读者之间的平等。虽然人与人之间可能存在从属关系、管理关系和托管关系,但人与人之间的人格是平等的。由于高校图书馆面对的读者是高校的师生,并且图书馆员可能是各个学院的从业者,因而他们不应在信息服务中有工作歧视和读者"信息歧视",从而导致获取信息的不平等和人际关系的紧张。四是合作意识。高校图书馆的人际关系和谐,不仅需要读者与图书馆员之间的相互合作,更需要图书馆员之间的紧密合作,而且在图书馆管理和信息服务的各个方面都体现了合作意识,将图书馆员整合成一个真诚的合作整体,并把读者视为图书馆的合作者,从而在高校图书馆中营造和谐的人际关系文化。为了协调图书馆的各种人际关系,我们必须执行以下操作。

1. 协调领导者与图书馆员之间的关系

图书馆领导者是高校图书馆构建和谐文化的策划者、组织者和引导者,也是构建和谐图书馆的关键。这表明图书馆领导者与图书馆员之间的和谐关系是构建和谐图书馆的关键,只有两者协调统一,图书馆的决策才能科学合理地进行,这也是把握图书馆发展的重要条件之一。

2. 协调图书馆员之间的关系

图书馆员是高校图书馆和谐文化建设的重要组成部分,是图书馆与读者之间的桥梁,也是图书馆和谐发展的基础。当然,图书馆员也有不协调的因素,例如职称竞争和工作竞争。因此,只有建立和谐的人际关系,才能实现团结合作并发挥更大的作用。这就要求图书馆员要做好人际沟通,营造良好的和谐工作氛围,充分发挥自身的综合优势。

3. 协调图书馆员与读者之间的关系

图书馆员与读者之间的和谐关系是高校图书馆发展的必要条件,在图书馆文化建设中起着重要作用,对建设和谐校园具有重要的现实意义。同时,这也是图书馆员提供良好服务质量的前提,有利于读者更好地与图书馆员建立良好的人际关系。

4.协调读者之间的关系

读者之间的和谐关系也是构建和谐图书馆文化的重要方面。由于读者是接受服务的主体,因而读者关系和谐对构建图书馆和谐文化十分有利,其中团结、互助以及和谐共处不仅是构建和谐图书馆文化的内容,也是提高学生身心发展的重要途径。

简而言之,促进图书馆领导者与图书馆员、图书馆员与图书馆员以及图书馆员和读者之间的沟通,不仅是形成和谐统一氛围的重要途径,而且是使图书馆成为师生工作和学习的重要场所的主要条件之一。

(四)健全图书馆制度机制

为了在高校图书馆中建立和谐文化的新常态,制度建设至关重要。所谓制度建设是指社会组织行为规范的建设,包括制度和机制。所谓"制度",是指处理社会组织的多元关系的规范;所谓"机制",是指处理社会组织的目标、路径、程序、监督、规格和评价之间关系的规范。由于图书馆和谐文化的建设离不开某些制度和机制,只有建立和完善管理体制和管理机制,才能为图书馆和谐文化建设提供制度保障。

1.必须树立法治观念

中共十八届四中全会专题研究部署了全面推进依法治国这一基本方略。为了贯彻"依法治国"精神,要求高校图书馆也要依法治理,即必须树立法治观念,克服传统的"人治"观念。所谓"法治",是指"依法治国"的总体规划。表明高校图书馆应在严格执行国家规定的前提下加强图书馆制度建设,使图书馆管理制度化和规范化。换言之,坚持在法律和制度面前人人平等的原则,并严格按照法律和制度行事。

另外,图书馆员,尤其是图书馆负责人,也必须树立法治意识,并利用法律和制度来规范和限制其行为。当然,在实施法治的过程中,必须妥善处理法治与道德规则之间的关系,使法治和德治相辅相成。

2.必须建立和完善图书馆管理制度

高校图书馆应严格按照国家有关法律法规,结合高校图书馆的实际情况,制定具体的图书馆管理制度。同时,由于图书馆的管理系统是多方面的,因此必须根据某些分类标准建立各种管理系统。例如,根据图书馆每个组成部分的分类,包括人力资源管理系统、物资设施管理系统、财务管理系统、纸张资源管理系统、数字资源管理系统以及信息技术管理系统等;根据图书馆管理结构的分类,可以表述为图书馆政务管理系统、图书馆行政管理系统以及图书馆部门管理系统等;再细分还可以制定为图书馆借阅阅览室系统、图书馆员考核制度以及图书馆读者行为守则等措施。

3.改革高校图书馆管理体制

为了适应市场经济发展的要求,必须对现有的图书馆管理体制进行改革。一是坚持"以人为本"的理念,以满足读者多层次的需求,并以此作为图书馆管理的出发点和落脚点,实行人性化管理;二是树立"管理即服务"的理念,将行政命令管理改为服务管理;三是树立"全方位服务"的概念,并将垂直管理体系转变为纵横交错的全方位管理;四是要树立公开管理的观念,把封闭管理变成开放管理,并请读者代表参与图书馆管理。从随机管理转变为规范管理,按照制度进行工作,促进图书馆的科学管理。

4.完善高校图书馆管理机制

图书馆管理机制是一个动态的程序管理体系,反映了图书馆管理的程序性、规范性和有效性。因此,有必要建立和完善图书馆管理的目标机制、过程机制、调控机制、考核机制、监督机制、奖惩机制和信息反馈机制。但要注意,在制定图书馆目标机制时,有必要为高校图书馆的发展制定具体目标,并分解目标落实到各部门,实行管理责任制,按照图书馆目标严格落实;在制定图书馆流程机制时,应根据图书馆活动的基本规律对图书馆服务活动的具体流程进行规范,并对图书馆管理活动进行编程;在图书馆监督机制建设中,有必要加强图书馆领导的权威、协调部门关系以及及时化解各种矛盾,还要促使内部监督和外部监督相结合,以提高读者监督、舆论监督、社会监督和职工民主监督;在制定图书馆的奖惩机制时,有必要将奖惩结合起来,以充分调动图书馆员和读者的积极性;在制定图书馆评估机制时,应建立科学合理的评估机制,以量化评估指标,使其具有可操作性,确保评估的客观性和公正性;在制定图书馆信息反馈机制时,应重视评估信息的公开性,及时向群众发布信息,以便形成图书馆管理的长效机制。

(五)加强图书馆员工和谐文化修养

高校图书馆作为中国的教学和科研机构,主要为教学和科研服务提供信息资料支持。当前,知识更新的周期越来越短,使得高校图书馆需要接触最新的知识和文化信息,了解最新的学术发展趋势,这给图书馆员的知识更新带来了严峻的挑战。因此,需要提升图书馆员的能力素养,而学习和掌握学术服务所需的基本知识也是提高图书馆员有效服务基本技能的重要途径。因此,图书馆应根据学校的专业设置学科馆员职位,使图书馆员可以直接与学校的师生联系,提供学科服务,主题研究以及专题研究的资源等。一方面,学生将直接获得更多专业、准确的相关信息,以更好地服务于学校的教学和研究工作;另一方面,有利于提高图书馆员的素质,促进图书馆员不断学习,提高他们的专业素养。

1. 必须加强图书馆员的人文素养,努力提高其思想道德素质

由于在高校图书馆中构建和谐文化的关键在于人,其中图书馆员就是构建和谐图书馆文化的主力军。因此,必须加强图书馆员的人文素养,提高其思想道德素质,这样才能在道德和才华方面成为杰出的人才。同时,图书馆员有必要加强自身的人文修养,牢牢把握社会主义核心价值观,将其内在化为自身的道德品质和道德行为,并为读者提供高质量的图书馆信息服务。另外,图书馆员必须严格要求自己,形成正确的工作作风和服务态度。从另一角度来说图书馆员,尤其是图书馆负责人,必须扮演好引导者的角色,引导读者向发展良好的图书馆风格前进。

2. 图书馆员不仅必须自觉培养自己的科学和文化素养,还应努力提高专业能力

其中,在职培训是高校图书馆员获得新知识和新技能的主要途径。因此,高校图书馆应制定总体规划,并提供多种方式集中于各类人才的培养,如进行重点人才的再教育和专业学习。只有提高图书馆员的能力素质和素养,充分利用人类文化的宝贵遗产,使得师生真正享受到高质量的文献和信息服务,高校图书馆才能成为有价值的图书馆和真正的学术机构。为了以认真的服务意识和友好可嘉的服务态度为师生提供最便捷的文献信息,每个图书馆员必须在自觉行动中予以实施。图书馆员不仅必须具有良好的专业素养,而且还必须具有良好的团队合作精神、进取心、和谐的人际关系、良好的职业道德以及严格的规章制度。通过良好的行为,使学生具有强大的

有人的终生追求。

其次,图书馆为构建和谐文化提供精神支持。图书馆存储着众多知识和信息,因而在阅读中人们可能会受到不同文化的影响,并感觉到不同知识的融合,从而唤醒对生活的热爱,对理想的追求和对现实的欣赏。季羡林提出,图书馆是人类知识的宝库,不仅是科研人员的宝库,还是非研究者的宝库。同时,图书馆也是传播科学和文化知识以及传播信息的重要基础。可以看出,图书馆在人格的形成、知识的扩展、文化的积累、生活价值的培养以及社会生活的全球视野中起着不可替代的作用,促进了和谐文化的发展。

再次,图书馆已成为构建和谐文化的主要阵地。和谐文化是面向世界、面向未来以及面向民族的先进、科学和大众的文化。因此,和谐文化建设可以净化社会环境,倡导良好的社会心态,营造积极的学习文化氛围,实现人与社会、人与自然和人与人之间的和谐发展,以及和谐多元文化的平衡。其中,图书馆的存在为公民的永久教育提供了学习环境,其发展直接反映出一个国家对知识的归属程度以及一个国家的文明程度。图书馆营造了浓郁的民族学习和终身学习氛围,促进了学习型社会的创建,以弘扬科学精神,传播科学知识为目标,提高了干部和群众抵抗封建迷信和伪科学的能力;可以促进人的整体发展,通过学习系统的管理来掌握先进的文化,以提高整个民族的文化素质和道德修养,这是构建和谐社会的基础,也是必要的准备。①新文化的传播不是一个瞬时过程,而是一个曲折而反复的过程,因而一个有效的场所以及一定的宣传和教育,以低成本实现更多成效,是未来图书馆发展的关键目标之一。

最后,图书馆是和谐文化的教育基地。世界上各种文化的动荡和市场经济的深入发展,使人们的思想独立性、多样性和差异性日益明显;生活节奏的加快,人们的精神压力增加,与社会的矛盾、与自然的矛盾日益加剧,人与人之间的个人斗争越来越严重。在某些方面,公众可以通过在图书馆中学习来改善文化品位、培养情感以及提升自我修养,以实现自己的自由和整体发展,然后实现全人类的自由和整体发展。基于此,人们最终可以达到和

---

① 张曼.浅议构建和谐社会中图书馆的地位与作用[J].甘肃科技,2007(8):241-242.

速发展的目标。

（二）馆藏质量欠佳

人类的存在不仅是社会的存在，而且是文化的存在。因此，人们在此基础上形成的需求、欲望、良知、价值观和行为活动，不仅与某种社会生活有关，而且与某种社会文化有关，从而形成某种社会意识形态和文化价值。同时，文化价值决定文化资源收集活动，而文化资源收集活动也影响文化价值，促进文化发展并进一步促进我们文明的进步。作为文件收集机构的公共图书馆通常进行文化资源收集活动，公共图书馆馆藏的质量也影响文化价值的形成，而文化价值是文化的核心。此外，多元文化主义的独特文化取向是构建和谐文化的中心。因此，和谐文化价值观是和谐文化建设的核心。

作为和谐文化的重要组成部分，其价值观也受时代的影响。和谐文化的价值是和谐文化的核心，公共图书馆馆藏质量对文化价值的影响直接体现在对和谐文化的影响上，即促进繁荣和发展和谐文化。目前，我国公共图书馆馆藏的质量水平不统一，造成了多种文化混乱，使读者无法从杂乱的资料中发现问题的实质，甚至导致读者文化价值观的错误取向，进而与当代科学和先进的和谐文化价值观发生冲突，进一步加剧了文化之间的矛盾和冲突。

二、图书馆教育功能的弱化加剧了本土文化与外来文化冲突

所谓本土文化就是指民族文化。毫无疑问，民族文化与外国文化之间是对立统一的矛盾，两者之间的关系也在不断变化。事实上，一个国家的本土文化是其存在的核心价值和灵魂，如果一个国家或一个民族遭到直接侵略或文化侵略，就会失去自己的民族特性。因此，国家和民族必须时刻保持警惕，防止外国文化对本土文化的入侵，并事先预防。无论何时何地，任何国家的文化繁荣都与文化交流息息相关，这就要求不仅要根据我国国情，而且要根据我国本土文化建设和谐文化。同时，有必要与全球文化进行交流，积极吸收国外优秀文化的营养，提高本土优秀文化的生命力，促进和谐社会和和谐世界的建设。

文化交流的积极作用虽然是巨大的，但也会带来巨大的负面影响。如

性水平的建设,也要重视隐性教育的作用,这是图书馆和谐文化建设不可或缺的一部分。因此,有必要以协调的方式构建图书馆的物质文化,主要有以下两点。

1. 生态环境和人类环境的结合

一个干净、整洁、优雅的图书馆环境不仅可以满足读者的需求,提高学习的兴趣和效率,而且可以培养学生的情感。这就要求图书馆的房间布局要合理、宽敞、明亮、整洁、安静,例如在图书馆大厅和走廊上,可以看到国内外名人的肖像、人物介绍、书法和至理名言。优美的环境与良好的文化氛围相结合,可以在图书馆营造和谐的文化氛围,使学生受到良好氛围的隐性影响。

2. 硬件资源和软件资源的协调

与社会图书馆不同,以教师和学生为主要读者的高校图书馆的总体设计应参考读者的特点和需求,一般配备自学室、文献阅览室、电子阅览室、报纸和期刊室、讨论室和其他服务设施以及硬件设施。其中硬件设施包括自助饮水机、印刷复印机、空调和电子书借阅机,以便为读者提供足够的硬件条件并提供阅读服务。在软件资源建设方面,高校图书馆馆藏资源必须涵盖所有主要学科的书籍以及电子资源,并应根据学科特点以及不同层次读者的需求进行整理。因此,在现代高校图书馆建设中,硬件资源与软件资源必须与时俱进。

此外,图书馆是保证高校基础建设的条件和提升教学质量的重要部门之一,也是校园文化活动的中心。高校图书馆和谐文化的建设和环境自然融合成为高校瑰丽的文化景观,这也是和谐校园文化不可或缺的一部分。因此,对于这些必要的基础设施建设,高校图书馆必须千方百计优化分配,使各种设施和资源以有机、和谐的方式共存,并充分体现和谐的理念。

(二)图书馆精神文化的塑造

高校图书馆的精神文化与其物质文化有关,是指在某些社会文化背景和意识形态的影响下,在高校图书馆中长期形成的一种精神,包括图书馆哲

第六章

图书馆文化建设评价

第一节 图书馆文化建设评价的维度

一、物质维度

图书馆文化建设评价的物质维度是指图书馆文化建设各方面的评价标准,主要包括场馆总体建设、场馆具体硬件设施以及馆藏及馆员等,并要求图书馆整体建设具备人性化和实用化。其中,人性化主要是指整个场馆的建设方便各类读者的需求,特别是一些弱势群体的特殊需求,最具代表性的是图书馆场馆的建设应方便残疾人在整个场馆内的活动;实用性主要是指在整个图书馆建设中合理、科学地利用空间,明确图书馆的主要功能是为读者提供阅读条件,并拓展其他服务领域。由于场馆硬件设施涉及读者在场馆内的活动,因此人性化、实用化的硬件设施建设比场馆整体建设更能体现图书馆的物质文化建设水平。具体的硬件设施除考虑到特殊人群外,还应考虑到年龄、语言、国籍甚至不同民族之间的差异,特别是在一些多民族人口密集地区,对硬件设施的要求更为严格。对馆藏馆员的评价而言,可以分为数量评价和质量评价,其中质量主要是指馆藏领域的规模和馆员的专业水平。

除此之外,一个优秀的图书馆不仅要满足大多数人的需求,而且要满足一小部分人的需求,即无论是数量上还是质量上,都要满足公众的需求。如果一本书长期处于借阅状态,但仍有许多人借阅,就意味着这本书在数量上不能满足读者的需要;如果一本书长期处于被搜索或查询的状态,而图书馆仍然没有,就意味着在质量上读者的需求得不到满足。另外,一小部分人的需求是指在信息时代,无论是实体图书馆还是数字图书馆,满足所有人的阅读需求都是不现实的,总会有一些人的需求被忽视。然而,虽然不能全方位满足所有需求,但图书馆在自己馆藏的构成上也应适当考虑这方面的因素。

二、制度维度

图书馆制度文化建设属于"人"的范畴。这里的"人"主要分为图书馆的管理人员和工作人员,即制度的制定者和实施者。从评价的角度来看,是指对制度本身的评价和实施。因此,一个完整的系统评价体系不应只参考最终的实施程度。究其原因,不仅在于管理能力的高低,更在于制度本身。随着时代的发展,法律还需要不断修改,制度也需要在反馈中不断完善。因此,图书馆文化建设评价的制度维度主要分为以下四个方面:一是制度如何制定;二是制度本身是否符合整个图书馆文化建设的要求和目的;三是制度如何实施;四是实施效果如何。通过这样一个系统的评价体系,我们可以从各个方面发现图书馆制度文化建设过程中存在的种种不足,从而使评价体系不仅能够进行评价,而且能够为今后的改进提供有力参考。

三、精神维度

图书馆文化建设的精神维度是整个图书馆文化建设核心的评价维度,即图书馆精神文化的建设,其是以图书馆物质文化和制度文化为载体,也需要以这两者作为参考依据。如果把整个图书馆分为人和物,那么图书馆制度文化应该属于"人"的范畴,图书馆物质文化则属于"物"的范畴,而图书馆精神文化则是二者最后互动的结果。这一结果的影响可以作为评价图书馆精神文化的一个维度。

除了对物质维度和制度维度的参照外,读者是图书馆精神维度的直接体现。作为一个社会公共服务组织,图书馆本身就是一种产品,而读者就是图书馆的顾客。事实上,无论是图书馆领导者或是图书馆员,物质文化还是制度文化,其本质都是通过一种管理的方式来阐述自己的思想,即向顾客展示自己的思想,让顾客接受和认可这个思想,表明了"图书馆文化"与"企业文化"的战略与成果是一致的,两者之间的唯一区别在于营利性与非营利性的区别。因此,读者作为图书馆的顾客,能够反映图书馆文化建设的整体水平,这是图书馆文化建设的精神维度标准。由于整个图书馆文化建设的核心是"一切为了读者",因而读者对整个图书馆文化建设的评价是合理的。

第二节　图书馆文化建设评价体系的构建

一、评价体系的原则

第一,目的原则。评估的目的决定了评估系统的所有要素。因此,图书馆评价指标体系的配置必须首先考虑评价图书馆自身发展的目的和要求,即是指从制度、物质和精神三个方面满足读者的需求,为读者提供更加完善、科学和人性化的服务。然后,围绕这个目标,建立一个通用的评估系统,建立图书馆文化。

第二,科学原理。图书馆文化建设评价体系的建立,不仅要符合图书馆自身的性质和特点,还必须符合图书馆的标准和体系要求,这是评估系统设计的基本出发点。

第三,可比性原则。在设计评估指标时,必须能够评估一段时间内图书馆的文化建设水平,同时能够进行水平和垂直比较,即同一期间图书馆之间的比较以及同一图书馆不同期间的比较。换句话说,在设计评估指标时,必须确保指标的普遍性和通常性。

第四,定量和定性相结合的原理。由于图书馆工作主要是服务工作,在量化方面存在一定的困难和差异。因此,在图书馆文化建设评价体系的建设中,应遵循定性与定量相结合的原则,使评价结果更加科学合理。

第五,诚信原则。指标体系的设计应考虑完整指标和整体之间的关系,不应该重复或省略。同时,与完整指标体系中的每个评价指标相同,必须在时间范围上相互联系,还要与空间范围和确定方法相互结合。

第六,可行性原则。图书馆文化建设评价体系能否在图书馆文化建设中真正实现,取决于其可行性。因此,在设计图书馆文化评价体系指标的过程中,应尽量具体,避免指标的抽象化,保证整个评价体系的统一。

二、评价体系的指标

(一)物质文化建设评价指标体系

这一体系主要包括两个方面:图书馆为读者提供的条件和为图书馆员提供的条件。其中,读者的条件包括阅读条件、咨询条件和服务条件等;图书馆员的条件包括办公条件和福利条件等。具体条件如下:

读者的条件包括:①阅读条件,包括阅读环境(包括照明,桌子和椅子,温度,音量以及卫生状况等)、收集用品(包括书籍的类型,数量,损坏以及短缺等)和网站设计(安全性,便利性等)。②咨询条件,包括咨询地点(包括分发,自助设备和数量等)和负责的团队(包括专业水平,服务态度和沟通技巧等)。③服务条件,包括物质条件(包括开水房,休闲区,展览区以及活动区等)和人的条件(包括向老年人,残疾人和儿童等弱势群体提供服务)。

图书馆员的条件包括:①办公条件,包括办公环境和团队氛围。②福利条件,包括薪金,晋升,培训和特殊津贴。

另外,由于受当地经济条件等客观因素的影响,在评估图书馆物质文化建设时应考虑物质条件的相关性。因此,在设计图书馆物质文化建设评价指标时,应分析与调查图书馆物质利用率,以确保评价结果更加客观合理。

第一,收集利用率。作为图书馆建设中最重要的硬件指标,藏书可以更好地代表图书馆的规模和建设水平,这也是图书馆物质文化建设评价指标中最重要的指标。但是,仅使用书籍数量来衡量图书馆建设规模是错误的,还应按照"图书馆文化"的要求来评估图书馆建设的质量,这样才符合图书馆文化建设的精神内涵。

第二,利用阅读区。阅读区是在图书馆物质文化建设中突出图书馆精神文化内涵的区域,其大小和用途可以直接反映读者对图书馆硬件安装的满意度。例如,图书馆和书店之间的唯一区别是"借阅"和"购买"。基于此,阅读区建设失败的图书馆其物质文化建设就失败了一半。

第三,使用其他区域。除馆藏区、阅览区、行政区和咨询区外其他区域的使用,也反映了图书馆服务功能的运行,这是评估图书馆资料文化建设的另一个重要方面。

第四,图书馆服务团队的组成。从图书馆员的构成来看,该指标可能对图书馆的文化建设产生重大影响,不仅体现在物质文化的建构上,而且体现在精神和制度文化上。同样,在评估图书馆服务团队的组成时,也应考虑绝对数量和相对质量比例之间的关系。

第五,接待人数。接待人数是指一段时间内进入图书馆的特定人数,但它不是一个独立的评估指标,而是一个与先前指标链接的特殊指标,用于衡量其他利用率指标。例如,馆藏的使用可以反映图书数量与馆藏总数之间的关系;当结合接待工作时,它可以反映出借阅者数量与图书馆接待总数之间的关系。这一指标可以客观、合理地反映物质文化建设水平和建设过程中存在的问题,并进行具体调整和改进。

(二)精神文化建设评价指标体系

这一体系主要包括整个图书馆的凝聚力和社会影响力。其中,图书馆的凝聚力包括管理者之间的凝聚力、员工之间的凝聚力以及管理者和员工之间的凝聚力;社会影响力包括读者行为和舆论评价。其他观点也可以用来评估图书馆的精神和文化建设。具体示例如下。

1. 社会捐赠

根据非营利组织管理的基本理论知识,图书馆的资本收益不仅来源于政府,也有部分来源于社会的捐赠,包括书籍和资金,这也是图书馆资本收益的一部分。虽然这部分资金来源不多,但从侧面反映了图书馆精神文化建设的影响,即社会凝聚力的影响。

2. 员工就业状况

作为受图书馆文化影响最大的群体,建立图书馆精神文化的效果将直接体现在图书馆员的工作状态上。高水平的精神文化建设主要包括:员工的热情和良好的工作环境;高质量完成工作;员工之间的和谐关系和相互帮助的能力。

3. 读者满意度

读者满意度是图书馆服务质量的最高评估标准。这是因为读者不仅是受图书馆精神文化建设影响的第二类人群,而且图书馆精神文化建设水平也反映在读者的态度和行为上。

4. 图书馆环境

图书馆环境是指图书馆中图书馆员与读者之间的关系和图书馆的秩序。在一个良好的图书馆环境中,读者和图书馆员之间的沟通应该没有障碍。此外,良好的图书馆环境可以形成特殊的图书馆文化感悟,这就要求读者不仅要在图书馆保持平和的心态,而且图书馆员必须积极向读者提供服务。

（三）制度文化建设评价指标体系

这一体系主要包括图书馆制度机制、管理机制以及员工素质。制度和管理机制包括:制度制定、制度实现、管理规范以及管理方法等;员工素质则包括图书馆员的专业素质和专业水平等。具体内容包括:一是制度的制定与实施,应具备实用性（即能够指导日常管理工作）、公正性（即科学合理,得到所有人的认可）和明确性（即严格、准确、方便操作）;二是管理机制和方法,包括监管机制、监督机制、激励机制和惩罚机制;三是图书馆员的素养和专业水平,包括服务意识、服务态度、沟通技巧和专业能力。此外,图书馆制度文化建设的评价指标中还存在一些相关指标,例如图书馆员和读者参与制定和实施该制度的过程。

1. 员工的敬业度

制度文化的建设离不开图书馆员的参与,主要分为参与制度制定的程度和参与制度维护的程度。其中,图书馆员参与图书馆制度的制定反映了图书馆文化中平等和自由的思想,也是提高员工热情的重要手段;图书馆员参与图书馆系统的个性化建设和维护过程,可以建立责任感,从而确保图书馆制度的实施。

2. 对读者的承诺

图书馆中的所有规章制度必须对读者开放,并接受读者的监督。这种方法对于建立图书馆制度文化是必要的。因为读者对图书馆系统的理解在很大程度上代表了图书馆制度的重要性,体现在实施、监督和维护等各个方面。

3. 管理人员的组成

管理人员是整个图书馆制度文化建设的核心,他们的经验和能力直接影响着图书馆制度文化乃至整个图书馆文化建设,是图书馆制度文化建设评价指标中最重要的要素。

综上所述,从整个图书馆文化建设各个方面的分析和调查中可以得出近似的评估标准。其中,有些标准相对直观且易于分析和评估,有些标准则相对抽象且不易量化,必须根据图书馆本身的具体条件进行调整和改进。

三、评价体系的优化策略

无论哪种文化建设评价体系,都必须坚持以读者为中心的基本原则,建立图书馆文化的目的本身就是为了服务于读者并满足他们的阅读需求,即不能依靠自己的想法来建立图书馆文化并评估图书馆文化的建设水平。因此,在优化图书馆文化建设评价体系的过程中,有必要全面参考读者的意见和建议。

（一）图书馆的物质文化建设评价体系必须充分考虑读者的需求

首先，图书馆物质文化建设评价体系的设立可以通过对读者阅读体验调查，总结并分析读者阅读条件、咨询条件和服务条件的结果，查明物质文化建设方面的差距，完善图书馆物质文化建设评价体系，再根据评价体系的要求，提高图书馆的物质文化建设水平。其次，物质文化建设评价体系必须注意各个方面，不能混淆。例如，读者人数的突然增加，图书馆无法临时更改场所的设计，无法增加桌子、椅子和服务人员。此外，图书馆物质文化评价体系优化的另一个方面是评价指标的差异化，即因为地点的不同，评估指标的方法也将有所不同。因此，应明确每个指标的重要性。一方面，必须保证读者的基本阅读需求，进而建立图书馆的物质文化；另一方面，在确定优先顺序之后，确保图书馆的方法涵盖制度、精神和物质三方面。例如，在一些经济发达地区，政府对图书馆的财政支持相对较高，图书馆有能力在保证书籍数量和质量的前提下，改善图书馆的硬件设施。

（二）对于图书馆精神文化建设评价体系，必须注意指标的量化

评级体系中最常用的方法是积分方法，即根据后果的严重程度，将图书馆员的行为分为不同等级，这样就可以轻松对其进行量化和评估。但这种评估方法要求特定的研究人员，一方面调查图书馆员的工作；另一方面由读者评估在接受服务过程中图书馆员的表现。这表明对图书馆员的培训尤为重要。同时，图书馆还应发布针对读者的培训要求和标准，使读者对所享受的服务有清晰的了解，并帮助他们以更加科学的方式评估服务人员的工作，从而更好地优化评估体系，使评估结果更准确。

（三）建立图书馆制度文化的评估系统

可以采取以下方法：一是加强制度创建者与基础管理员之间的沟通。正如理论指导实践和实践检验理论一样，图书馆制度文化建设中的问题只能在实施过程中出现并得以解决。因此，确保管理层与基层之间的沟通，有利于在图书馆制度文化建设过程中发现和解决问题；二是加强图书馆制度文化与其他学科之间的交流，找出其他学科的研究成果与图书馆系统的文化建设之间的交汇点，以丰富其理论基础并改进系统目标的缺漏。例如，在激励、监督和反馈方面，对图书馆制度文化评估系统进行优化。虽然以往对

制度文化建设的评估指标主要是从管理者、图书馆员和读者三个方面进行的。但是,通过进一步优化制度文化的评价系统,可以分为员工奖惩、读者评论和行政监督。这三个方面具有不同的理论组合,将产生不同的评价指标,从而不断优化制度文化建设的评价体系;三是图书馆与图书馆之间制度文化建设的交流。就像世界上没有两个相同的表一样,每个图书馆在图书馆系统的文化构造上也有不同,其中对这些差异进行比较分析将有助于我们更好地理解图书馆制度文化建设中的利弊,以发挥优势并弥补不足之处。

综上所述,图书馆文化建设评价体系的优化策略,一方面要重视读者、图书馆员与管理者之间的关系;另一方面要结合其他学科的理论成果,科学合理地运用其他学科的理论成果,建立以三个主题为主要内容的评价体系,这也是文化建设评价体系优化策略的基本思想。

第三节　图书馆文化服务绩效评估指标体系的构建

图书馆文化服务绩效评价体系的建设是图书馆文化服务绩效评价的核心任务,其科学性、实用性和有效性决定了图书馆绩效评估的成败。此外,图书馆文化服务绩效评价体系的构建是科学实施的过程,具有很强的联系性和内部逻辑性,涉及目标的基本要求和原则、评价模型、指标设计、指标修改、系统演示和评估系统的其他链接。因此,有必要从国外的研究成果中吸取教训,包括研究思路、研究方法和评价公共文化服务绩效的研究结果,建立公共文化服务绩效的评价体系。

一、构建目标

构建评估图书馆文化服务绩效的指标体系是为了更科学有效地满足公众对文献和信息资源的需求,并且该体系是在评估主体、评估机构和有利因素多样性的基础上建立的。

在经济平稳健康发展的背景下,要求政府转变为服务型政府,这就要求图书馆制定专门针对文化服务的绩效评估方法,例如对图书馆文化服务绩效的评估。这将对图书馆文化服务绩效的评估成为一种标准,形成科学和可操作的趋势。其中,评估指标体系的最佳结果是一个理想模型:该模型不受指标设计者的主观转移,无限接近客观现实,并且能够相对真实地反映客观情况。但实际上,由于现实条件的限制和公共文化服务的复杂性,只有能够真实反映客观条件的理想模型才是可能实现的。即使这样,仍然有必要建立一个相对理想的指标体系模型,以便在实际应用过程中发现问题,并不断进行改进,使其达到理想状态,并有效反映图书馆文化服务能力的强弱。

二、构成要素

在图书馆绩效评估系统中,有一种广泛使用的评估方法,其思想可以用作评估公共文化服务绩效的参考。这种方法的本质是将图书馆视为在公共文化服务范围内受外部环境影响的有机体,包括投入资源(输入)、各种过程(过程)、服务的生产以及读者所需的信息资源和产品(退出)的评估,甚至有必要考虑信息资源服务和产品如何影响读者(结果)。一个完整的图书馆文化服务绩效评价体系应包括以下四个方面。

第一,图书馆输入资源。换句话说,图书馆要进行文化服务,必须投入资源,包括资本投资、人才投资和物力投资等。其中政府对图书馆文化服务的投资成为绩效评估的中心内容。

第二,过程评估。即是指在图书馆文化服务多个过程的基础上进行绩效评估。

第三,导出图书馆文化服务的区域。即是指图书馆在公共文化服务范围内提供的服务,主要满足读者对文献信息资源的服务需求。在现实社会生活中,该产品主要取决于图书馆的类型和数量,以及图书馆服务的类型和规模。

第四,图书馆文化与其相互之间的关系。图书馆服务对公共文化服务

平对待已成为衡量图书馆文化服务绩效的重要组成部分,包括是否履行社会群体信息资源的文化权利,特别是弱势群体,例如允许弱势群体获得更多的文化图书馆服务。

第五,遵循定性和定量的图书馆文化原则。即建立评估图书馆文化服务绩效指标体系时,必须有定性和定量指标。由于图书馆文化服务的复杂性和多样性决定了是否包含定性指标,而定量指标则是由以下事实决定:如果没有定量的指标,将影响绩效评估的准确性和客观性。

第六,连续稳定的图书馆文化原则。建立评估图书馆文化服务绩效指标体系后,首先图书馆人员必须遵循实行、修改和验证步骤,然后形成国家标准。这就要求指标体系必须有政府的持续支持和投资,且指标体系的稳定性必须适应一定的历史时期。只有这样,制度才能得到广泛推广和应用。

第七,图书馆文化具有较强的可操作性。在建立评估图书馆文化服务绩效指标体系的过程中,应考虑用户的便利性。因此,只有易于操作、易于培训和学习的索引系统才适合对图书馆文化服务的绩效进行评估。

第八,运用基础广泛的图书馆文化原则。运用广泛指的是评价体系不仅要适应大型图书馆,而且要适应各类中小型图书馆。只有这样,我们才能在同一个指标体系下进行比较、发现问题,改善和解决问题,促进自身发展,提高整个图书馆的文化服务水平,最终促进全国公共文化企业的蓬勃发展。

四、构建方法

(一)绩效评估的模式及维度

图书馆文化服务绩效评价模型是指一系列系统结构,根据科学方法反映图书馆文化服务各个方面的逻辑关系,以达到评价目的,具体表现为指标之间的相关性。1987年,联合国教科文组织公布了《文化统计框架》,并开始从事文化发展统计工作。此后,以文化与发展为主题的相关文化指标得以建立。

评估模式是建立指标体系的基础,它反映了评估要求和原则,而如何确定评估模型是一个宏观问题,可以分为评估体系的框架、范围和维度等方面的确定。具体来说,图书馆文化服务评价体系的框架和范围是常识的基本分类和图书馆文化服务评价的内容;维度是指对评估范围的理解。根据国内外专家学者对公共部门绩效评价模型的研究,价值的一般结构可以从"基本维度指标的修正指标"中得出,也可以适用于公共部门、公共文化服务部门或者图书馆部门的绩效评价模型。

维度的划分与评估问题的多样性实际和评估的科学标准密切相关。划分维度可以使复杂多样的图书馆文化服务绩效评估更加具体、可操作且可靠,从而使评估的视角更加集中,评估的目的更加明确,评估的层次更加合理。评价的基本维度在图书馆文化服务中具体表现为以下五个方面。

1. 基本规模

这个维度是公共文化服务的基础,包括建筑、网络、设备以及收藏等。一个运行良好的图书馆必须以其基本规模为基础,具体涉及图书馆面积、馆藏年增长率、人均藏书量以及电子资源预算占采购总预算的比例等,这些项目更加直观、准确得反映出图书馆文化服务的绩效,应将基本规模作为图书馆绩效评价的一个维度。

2. 社会参与

社会参与是图书馆开展文化服务的重要途径。图书馆实现保护公民文化权利的功能是社会参与是否良好、积极的直接反映,还可以反映图书馆提供的文化服务是否满足公众需求,并从侧面反映图书馆文化服务水平。

3. 实施机制

这一维度主要包括馆员素质、图书馆服务质量、服务流程、馆员评价机制以及投诉应对机制等,并通过设置图书馆相关指标,从工作质量、服务效率和精神动力等方面对服务绩效进行评价。

4. 读者评价

图书馆文化服务的效果是否理想、制度是否科学完善、读者的文化需求是否得到满足,都可以通过读者评价来实现。因此,读者满意度是一个具有明显优势的量化指标,主要是通过对读者的问卷调查来实现。实际上,问卷调查是最客观、最有说服力的方式。

5.经费投入

这一维度既能反映政府是否重视图书馆文化服务,也能反映图书馆自身是否合理使用政府资金等。由于各类文化服务的发展和图书馆发展规划的实施,主要依靠政府资金的及时投入,根据具体的投资方向和投资比例的变化可以反映图书馆在一定时期内的发展方向。因此,投资可以作为图书馆文化服务绩效评价的一个维度。

借鉴先进国家和地区的相关实践和科学研究成果,并结合上面五个维度,可以提出一个图书馆文化服务绩效评估模型,如图6-1所示。这五个基本维度彼此独立而又相互紧密联系和影响,形成了一个全面、有机的绩效评估体系,而其中每一个维度又下设与其相关的若干个一级和二级指标,通过对指标的设定并且结合五个维度就可以形成一个完整的绩效评估指标体系。

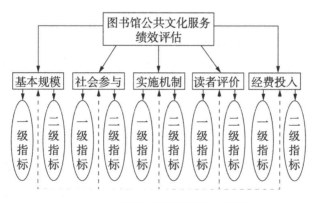

图6-1　图书馆文化服务绩效评估模型

(二)基本指标体系的建立

1.基本指标选取的标准

基本指标的选取是否科学合理,可以直接影响图书馆公共文化服务绩效评价的效果。在基本指标的选择过程中,指标体系的设计者应根据绩效评价的目的选择最适合图书馆绩效评价的指标。具体来说,图书馆公共文化服务绩效评价基本指标的选择应遵循以下六个标准。

(1)实用性。基本指标的选择应保证所需数据的易于采集,数据源通道可靠。此外,在保证绩效考核准确性和客观性的前提下,尽可能简化指标体系,减少或删除对绩效考核结果影响不大的指标,以避免形成复杂的指标结构或大量的指标水平组。简言之,在指标选择和系统设计上,要保证与数学计算有关的理论和方法科学、准确。

(2)系统性。在选择基本指标时,要求达到不同维度之间界限清晰的要求。由于基本指标相互关联、相互制约,在数量上应要适度,即在不遗漏重要指标的前提下,确保整体优化,用较少的基本指标,全面反映出图书馆公共文化服务的发展情况。

(3)区分性。具体来说,在选择基本指标时,指标的范围不能重复。例如,在实施机制维度上,馆员素质培养是一个大项目,子项目中不能有"中高级职称馆员占全体馆员的比例""本科及以上学历馆员占全体馆员的比例"等指标,这是因为"马太效应"如果出现,就表现为一个馆员不仅是中高级职称,而且是学士以上学历,那么基于馆员信息的绩效评价将同时产生两倍的效果。因此,在选择指标时,每个指标的范围不能重叠。

(4)定性和定量相结合性。在基本指标的选择上,应将定性指标与定量指标相结合,形成科学完整的体系。定量指标的选取是因为其客观准确的特点,而定性指标的选取则是因为有些指标难以量化,只能对各种复杂的指标进行定性研究。

(5)可比性。可比性可分为两种情况:一是同一图书馆不同时期基本指标的比较,即纵向比较;二是不同图书馆基本指标的比较,即横向比较。只有比较指标才能为每一个图书馆提供直观、准确的信息,以供参考,既帮助图书馆改善自身的不足,并维护和发展现有的优势,又为图书馆之间的交流提供机会。需要强调的是,在横向比较时,应在尊重各图书馆公共文化服务的前提下,通过调整权重、综合评价等方法平衡基本指标,然后进行细致地比较,避免横向比较的局限性。

(6)前瞻性。基本指标的前瞻性有利于指标体系的推广和普及。这表明基本指标的选取既要体现图书馆公共文化服务的现实发展状况,又要体现未来一定时期内图书馆公共文化服务的发展趋势,即具有科学预测功能。这个标准是基本指标选取时必须重视的。

2. 修正指标、权重等补充条件

按照上述六项标准,有必要借鉴以往绩效评价模型"维度—基本指标—修订指标"结构,通过重点分析修订后的指标,为以后的标准分数设计和赋能铺平道路。其中,修正基本指标既能纠正基本指标与图书馆公共文化服务绩效评价不符的实际情况,又能使横向比较图书馆在基本一致的评价起点上。它是一个重要的辅助指标,既可以单独使用,也可以与基本指标结合使用,帮助完成评价工作。

在图书馆公共文化服务绩效评价中,不同的指标起着不同的作用,对图书馆的评价结果也产生了不同的影响。因此,在设置指标体系时,图书馆应考虑这些因素并设置各指标的权重,即可以构建一个系统完整的图书馆公共文化服务绩效评价指标体系结构,该体系由"维度基本指标修正指标"评价模式和标准分、权重分配算法组成。

3. 基本指标体系的建立

根据基本维度和指标的选择原则,结合上述图书馆公共文化服务绩效评价模型,可以建立图书馆公共文化服务绩效评价的基本指标体系。该系统可应用于不同图书馆的公共文化服务绩效评价。在指标的选择、分析和设计过程中,应遵循以下六个标准:实用性、系统性、差异性、定性与定量相结合、可比性和前瞻性,并扩大指标选择的覆盖面,对每个维度或基本指标下的体系进行尽可能细致的划分,避免遗漏特别重要的基本指标,这既为以后修订和选择指标提供了坚实的基础和可靠的保障,又为公共文化服务背景下增加基本指标提供了依据。如表6-1所示,这是建立基本指标体系的初步备选规划表。

表6-1　图书馆公共文化服务绩效评估指标体系

维度	基本指标	指标说明(含单位)
基本规模	馆舍总面积	平方米
	读者阅览座位数	个
	计算机数量	台
	供读者使用的计算机数量	台
	馆藏总量	册
	图书、报刊等纸质文献年增长率	%
	电子文献年增长率	%
	电子资源的经费预算占总采购的经费预算比例	%
	服务半径	平方公里
	流动图书馆为弱势群体服务次数	次/年
	图书馆网站访问量	次/年
	网站信息更新率	%
	图书馆设备增长率	%
社会参与	办图书借阅证的读者总人数	人
	办图书借阅证的读者增长率	%
	正式读者平均到馆次数	次/年
	读者到馆增长率	%
	志愿者数量	人
	志愿者增长率	%
	日均图书馆网站点击率	次
	每周开馆时间	小时
	正式读者平均借阅图书数量	册/年
	读者计算机设备利用率	%
	阅览座位利用率	%
	媒体报道图书馆次数	次/年

续表 6-1

维度	基本指标	指标说明(含单位)
实施机制	图书馆员数量	人
	拥有本科以上学历的馆员占全部馆员的比例	%
	文献拒借率	%
	文献采购平均进馆时间	天
	馆际互借处理速度	天
	参考咨询回答问题的平均响应时间	小时
	拥有 OPAC 查询机的数量	台
	开架阅览的排架误差率	%
	每名读者可以借阅图书最大数量	册
	每本图书的借阅时间	天
	每本图书可以续借次数	次
读者评价	读者对馆藏满意度	(定性指标)很好、好、一般、差、很差
	读者对图书馆环境满意度	(定性指标)很好、好、一般、差、很差
	读者对馆员态度满意度	(定性指标)很好、好、一般、差、很差
	读者对网站满意度	(定性指标)很好、好、一般、差、很差
	读者读书活动、讲座和报告会数量	次
	获奖数量	次
	投诉数量	次
经费投入	年经费预算总量	万元
	年经费预算增长率	%
	年人均购书经费	万元
	人力资源经费预算	万元

（三）基本指标的筛选

1. 指标的公平性缺失

由于各图书馆经济发展水平、政府支持程度和基本规模不同，因此一些基本指标无法在同一公平标准下进行评价，这将影响指标体系的可靠性和可信度。如表6-1所示，缺乏公平性的指标有：图书馆总面积、读者阅读座位数、计算机数、馆藏总量、服务半径、馆员数、奖励数以及年度总预算等。

2. 指标的保密性使相关数据无法采集

有些敏感指标因其保密性等原因不能对其进行采集，导致这些指标无法作为绩效评估的标准。表6-1中由于保密性无法采集的指标包括公民对图书馆决策的参与程度、文献拒借率和人力资源经费预算等。

3. 图书馆自身没有相关数据记录使数据的采集不能实现

图书馆自身对有些基本指标没有相关规定或自身没有意识到相关指标的重要性，造成无法采集。表6-1中涉及的这类指标包括读者计算机设备利用率和阅览座位利用率。

需要指出的是，在数据采集和发现问题上，上述三个问题涉及的指标在设计原则和实际作用上并不是无效和错误的，而是因为在目前的条件和水平下，相关指标无法准确采集。随着公共文化服务的发展、绩效评估理论和实践的进步，以及科技和经济的快速发展，其效果将对数据记录方法和数据披露产生积极影响。

在分析以上问题的基础上，对指标体系进行重组，表6-1中的基本指标应删除如下内容：删除不能采集的相关指标，保留科学、平滑、准确的基本指标，对一些不符合图书馆公共文化服务绩效评估实际、需要保留的基本指标进行纠正。在修正方面，最好采用公平数据指标，并以比例数、平均数、相对数的形式设置，最大限度体现出图书馆绩效评价的公平性，提高指标体系的比较效果，最终得到修正表。此外，在指标分解体系表的构建中，采用了层次分析法（AHP）和系统分解法，即将绩效评价体系的五个维度分别分解为子指标，再将子指标分解为下一级指标。如表6-2所示，为图书馆公共文化服务绩效评价指标体系修订表。该表分为三级指标，其中一级指标5项，二级指标21项，三级指标32项。

表 6-2　图书馆公共文化服务绩效评估指标体系（修改表）

一级指标	二级指标	三级指标
1.基本规模	1.1 信息资源建设	1.1.1 图书、报刊等纸质文献年增长率
		1.1.2 数字电子文献增长率
		1.1.3 读者人均藏书册数
		1.1.4 电子资源预算占总采购预算的比例
	1.2 信息资源共享建设	1.2.1 是否有图书馆网站
		1.2.2 网站的年信息数目新增率
		1.2.3 是否可以进行图书网上预约
	1.3 信息资源宣传建设	1.3.1 图书馆年均新书展览次数
		1.3.2 年展览图书数量占总藏书比例
	1.4 流动图书馆建设	1.4.1 是否有流动图书馆
		1.4.2 流动图书馆是否可以送书上门、送书下基层
		1.4.3 是否有专为残疾人、病人等弱势群体专用的流动图书馆
2.社会参与	2.1 读者到馆	2.1.1 办理图书借阅证人数年增长率
		2.1.2 读者到馆年增长率
		2.1.3 年读者到馆人数占所在地区人口比例
	2.2 读者借阅	2.2.1 读者图书资料外借量年增长率
	2.3 网络参与	2.3.1 日均网站访问量
		2.3.2 网站电子资源下载年增长率
	2.4 社会捐赠	2.4.1 是否有社会捐赠
		2.4.2 年接受社会捐赠图书等信息资源占年纸质文献总量的比例
		2.4.3 社会捐赠行为增长率
	2.5 志愿者参与	2.5.1 是否有志愿者参与
		2.5.2 年志愿者工作时间占图书馆流通部门全体馆员工作时间的比例
	2.6 媒体参与	2.6.1 年参与图书馆宣传活动的媒体机构数量占所在地区媒体机构总量的比例
	2.7 意见或者建议方式参与	2.7.1 是否有公众对图书馆提出意见或发展建议和信息反馈的专门途径

续表 6-2

一级指标	二级指标	三级指标
3. 实施机制	3.1 官员素质	3.1.1 拥有本科以上学历的馆员占全部馆员的比例
		3.1.2 是否开展馆员技能涉外培训学习
		3.1.3 参加培训的馆员占全体馆员的比例
	3.2 服务机制	3.2.1 是否有图书馆员考评机制
		3.2.2 是否有明确的读者投诉响应机制
		3.2.3 是否有明确的图书馆各个部门人员岗位说明书
	3.3 参与法律建设	3.3.1 图书馆是否有明确的参加与图书馆相关的法律法规建设的机制
	3.4 服务质量	
4. 读者评价	4.1 年千人读者投诉率	
	4.2 年千人读者感谢率	
	4.3 读者满意度	
5. 经费投入	5.1 经费预算年增长率	
	5.2 正式读者年人均预算经费	
	5.3 馆员培训经费投入	5.3.1 馆员培训经费预算占总经费预算的比例

这里需要说明的是,由于实施机制维度中的"服务质量"和读者评价维度中的"读者满意度"两个基本指标不能简化量化研究,也不能通过设计基本指标标准对这两个指标的下一层次进行全面评价,所以这两个基本指标的设计应采用图书馆统计中比较成熟的统计方法,即读者问卷调查法。通过读者问卷调查,我们可以得到相关数据,然后对数据进行分析,进而得出这两个指标的具体发展水平和发展程度,然后将相关数据替换回指标体系,再对其绩效进行评价。

(四)基础指标评估标准的设立

在重新设计修订指标并建立指标体系后,制定设计标准分并给出权重。制定设计标准并确定权重有两种方法:一是客观方法;二是主观方法。本书主要采用主观评价法,具体是指德尔菲法。

谐的状态,追求真理。

(三)人文精神是图书馆和谐文化建设的发展取向

首先,人文是人类思想、观念、态度和方法的总和,是人类精神生活中各种现象的总和。其作为对人类生存和发展的认识,以人类社会的存在为基础,并作为人类价值、社会价值和自然价值等的建立基础。在社会主义和谐社会中,人本主义精神要求我们关心、尊重、理解和保障人民的独立,并为社会进步提供价值量表和评估基础。

其次,“人文精神”与人类发展的目的和重要性有关。它的目的是人,即在对人类生存的价值、合理性和未来发展进行理性研究的过程中产生的,追求人性和潜力的探索,以及图书馆文化内涵的建设,并以追求个人的整体发展与自由,展现人类丰富的内心世界为主,追求善与美为核心。随着人类社会的发展,人们越来越意识到发展不仅是经济的繁荣,而且是人类精神的弘扬。

由于图书馆通过收集、整理、传播和使用文件来实现人类所有记忆的继承,以达到人类持续发展和社会发展的目的,即人类关怀的产物。因此,图书馆表现出很强的人文精神特征,从逻辑上讲,图书馆学是整合人类知识的。

第一,人类信息需求是创建和发展图书馆活动的逻辑起点,而图书馆则是人类进化的产物。首先,人类的进化不同于其他动物,不仅需要生物进化,还需要文明进化,即维持社会特性和自然特性的文化进化。实际上,人类进化是不断创建、累积和扩展人类信息(或文化信息)的历史过程,图书馆则是人类对人类信息(或文化信息)的存储、传输和有序使用的场所。其次,人们必须参加图书馆活动。个人信息需求只能通过个人信息活动来满足。再次,人是图书馆活动的目的。最后,人是图书馆科学研究的主要内容。图书馆研究的内容可以大致分为物质和人文两个方面,而图书馆学是以人为本的科学。

第二,图书馆学具有道德性。首先,人类不断消耗自然和社会信息资源,创造并积累丰富的信息,再通过信息的创建、收集、处理、存储和传播来有效征服和改变自然。因此,包括图书馆在内的信息活动既是人类进步的文化事业,是指严格意义上的文化企业,以及国家或社会为向全体公民或政党提供文化产品或服务而建立的非营利性文化机构和活动。例如教育、公共图书馆、博物馆、文化中心、古迹、美术馆、科技博物馆、文化宫、文化广场以及文化公园等。

公共利益和政府支配地位是文化企业与其他企业(尤其是文化产业)之间的差异点。只有牢牢把握这一特点,才能促进文化企业的快速牢固发展。由于我国在国家大剧院、博物馆、数字图书馆和其他地方的大规模文化投资逐年增加,促进了中国各种文化企业的发展。然而,尽管各级政府部门已在文化企业中加大了投入,但仍不能满足文化企业发展的资金需求,在某种程度上制约了文化企业的发展。

此外,什么是文化产业? 它与文化企业有何关系? 实际上,产业是指国民经济中根据社会劳动分工的某些原则从事产品和服务的生产和经营,以满足某些社会需求的各个部门,包括国民经济的所有部门,从大型部门到小型工业,从生产到流通,从服务到文化和教育。顾名思义,文化产业是一个营利性组织,致力于与文化相关的各种产品或服务,其目标是未来的经济利益,并以市场需求为导向,是一种以市场需求为导向的多层次精神需求。

此外,文化企业家也专注于政府主导的非营利性文化事业,保证公共福利并分享公民的权利,使其在身份和地位方面不受歧视和限制,并提供满足文化需求的基础知识。长期以来,中国实施了以文化企业为先的文化政策,文化产业基本在文化企业的基础上发展起来。在当今的文化多样性中,我们必须关注文化产业和文化企业。只有这样,才能正确理解中国的文化建设体系,并促使和谐文化建设顺利进行。

第四节　高校图书馆和谐文化建设

一、高校图书馆和谐文化的概念界定

高校图书馆和谐文化是高校图书馆及其员工的思想和物质基础,以高的文化活动。为了吸引师生的注意力并培养他们对阅读的浓厚兴趣,高校图书馆应以师生的利益为纽带,并开展新书展览和知识竞赛等活动,通过有趣的测验和主题讨论吸引老师和学生以及工作人员的注意。通过这些活动,高校可以推广和宣传学校的座右铭,开展图书馆活动,并指导教师和学生养成良好的道德品格和文明的行为习惯。

3. 协调行为文化

这一途径对图书馆提出了更深的内涵和更高的要求,主要包括个人身心的内部和谐、个人行为的外部和谐、图书馆整体内部的和谐以及外部服务。同时,行为文化既具有隐性特征又具有显性特征,通常隐藏在物质文化和制度文化中,必须通过和谐的精神面貌和和谐的行为来体现。

高校图书馆的和谐文化是物质文化、制度文化、精神文化和行为文化协调发展的产物,是以上四种文化相互影响和渗透的有机整体。其中,物质文化是高校图书馆和谐文化的物质载体;精神文化是高校图书馆和谐文化的灵魂和核心,在图书馆和谐文化建设中发挥着重要作用;制度文化是高校图书馆和谐文化运作的制度保障,在图书馆和谐文化建设中发挥着关键作用;行为文化是图书馆学科和高校图书馆某些行为和活动的具体体现。简言之,高校图书馆和谐文化建设是一项系统工程,每个方面都需要其他方面的合作,即协调与合作。这就需要调动各个部门和各个方面的热情,着重于顶层设计和总体安排,但要注意这不是简单的"1+1=2",而是"1+1>2",即通常所说的"总体功能优势"。

六、营造高校图书馆和谐文化的策略

为了消除图书馆文化的不和谐状态,我们必须在社会主义核心价值观的指导下为高校图书馆和谐文化建立新常态,其基本内涵在于:以社会主义核心价值观为指导;以和谐文化为特征;以人性化服务为宗旨。关于如何构建高校图书馆和谐文化,研究学者们提出了具体策略,即培养科学人文的图书馆精神。因而管理人员不仅要优化图书馆的各种资源配置,协调图书馆各学科之间的关系,而且要完善图书馆管理体制和机制,加强图书馆学科和传染性和积极的影响力。

3. 培养图书馆员的创造力

创新是时代的呼唤,是现实的要求,是高校图书馆生存与发展的必经之路。和谐服务是指人性化的知识服务,其本质是在理解用户信息需求的前提下,利用图书馆员的专业知识和技术能力来提取、分析、组织和整合图书馆信息资源,最终为用户提供具有独特价值的信息,满足用户的需求。因此,在日常服务工作中,高校图书馆员应根据图书馆的具体情况,尽力为读者提供和谐的人文创新服务,为读者提供便利。一是逐步实施开放式服务,将收集、借阅和参与整合在一起,为师生提供良好的阅读和学习环境。目前,现代图书馆正在努力创建一个良好的网络应用程序环境。例如,图书馆的一楼和综合阅览室设有计算机终端,每个阅览室都连接到无线网络,方便读者查询馆藏信息并使用各种专业数据库。实施24小时不间断的网络信息服务,以方便教师和学生在校园网络的任何客户端上自由访问各种数据库资源或自行预订和更新图书。二是开放短信平台。图书馆通过SMS平台为读者提供各种服务,例如注册、书籍过期提醒、书籍续借提醒、购买书籍、报告遗失以及续订书籍和下载纸张,以满足读者的需求。三是文献信息咨询服务。积极开展各种信息咨询服务,例如逐步开设各种信息素养教育课程或为学校师生提供各种电子资源和其他培训等。同时,加强与各部门的联络,根据师生在教学和科研中的需要积极开展服务工作,建立信息服务中心,为读者进行论文咨询和论文检查服务,更方便读者通过馆际互借获得信息和资源。

简而言之,高校图书馆和谐文化建设是一项长期的系统工程,需要随着高校的发展而不断完善和促进。实际上,高校图书馆和谐文化的建设目的是通过构建图书馆和谐文化,使图书馆和谐文化成为校园和谐文化和社会主义和谐文化不可或缺的一部分,从而提高图书馆的服务水平和服务质量,并在人才培养中发挥应有的作用。因此,为了更好地为教学和科研提供服务,为高素质人才的培养提供有效途径,高校图书馆必须创新管理和服务理念,提高服务水平和质量,积极促进图书馆和谐文化建设。

的影响通常反映在图书馆的文化水平、文化素养、价值观、审美倾向和读者对文化服务的满意度上。

三、基本原则

图书馆文化服务是保护社会成员的文化权利,旨在满足社会成员对文献信息资源的基本需求。世界发达国家通过4E(即经济、效率、效果、公平)加深了对图书馆文化自身绩效评价的认识,也为选择具体的评价指标提供了基本框架,成为各种指标体系设计的基本价值取向,广泛应用于绩效评价指标体系的构建中。构建图书馆文化服务绩效评价指标体系应遵循以下基本原则。

第一,经济原则。在一定时期内,政府对图书馆文化服务的财政投入是否合理,这充分反映了图书馆对资源水平、入门成本和图书馆文化服务的重视程度,统称为"经济成本"。一般而言,经济成本只关注如何以最低的成本获得最大的收益,这是绩效评估指标体系中应考虑的基本原则。但是它并没有关注公共文化服务的质量,因此有必要与其他原则合作以完成指标体系的建设。

第二,图书馆文化效率原则。换句话说,在给定时间内对图书馆文化服务进行预算投资的结果,也可以理解为预算输入与服务退出之间的比例关系。由于图书馆文化服务的有效性日益受到关注,从而可以量化或利益化,在构建评价体系时必须考虑以下两个方面:一是图书馆文化服务的平均成本,即生产效率;二是图书馆文化服务配置的预算投资是否满足公共信息资源的需求,即分配效率。效率通常通过一系列指标来衡量,这些指标包括图书馆服务的数量、服务级别、单位服务成本和服务执行能力,这也是图书馆绩效评估指标体系的基本原理。

第三,图书馆文化成效。与效率不同,这些影响涉及难以量化的指标,一般将重点放在实现预期目标的程度上,并作为图书馆文化服务读者满意度的指标。

第四,公平原则。随着政府向现代服务转变,对来自不同阶层的读者公

　　德尔菲法是指利用匿名交流的方式表达意见,并征求专家组的意见。但需要注意,专家之间不能相互讨论,即专家之间没有横向联系,他们只与调查人员接触。经过三轮反复的咨询、归纳和修改,最终总结专家对一级指标的基本共识,以此作为预测的依据。然后以图书馆公共文化服务绩效评价指标体系为决策变量,以基本规模、社会参与度、实施机制、读者评价和财政投入为评价标准,根据德尔菲法对上述数据进行分析,得到五个一级指标的优先级,最后得到想要的结果。根据上述模糊数学和权重理论,结果如下(由大到小按权重排列):基本规模(0.25)、社会参与(0.3)、实施机制(0.2)、读者评价(0.15)、资助(0.1)。采用模糊综合评价法对二级指标和三级指标进行权重分配,即首先根据专家组的预测结果,计算出各一级指标所含二级指标的模糊隶属度;其次,根据计算结构构造模糊评价矩阵,然后根据所构造的模糊矩阵计算出各二级指标和各二级指标下的三级指标,并将结果反传给专家组,经小组协商确定最终预测结果;最后,根据以上结果,本文以1000分为总分,对指标体系中三级指标的权重进行相应的打分,如表6-3所示。

表6-3　图书馆文化服务绩效评估指标体系分值

一级指标	二级指标	三级指标	分值
1.基本规模(250分)	1.1 信息资源建设(80分)	1.1.1 图书、报刊等纸质文献年增长率	20分
		1.1.2 数字电子文献增长率	20分
		1.1.3 读者人均藏书册数	10分
		1.1.4 电子资源预算占总采购预算的比例	30分
	1.2 信息资源共享建设(60分)	1.2.1 是否有图书馆网站	10分
		1.2.2 网站的年信息数目新增率	20分
		1.2.3 是否可以进行图书网上预约	30分
	1.3 信息资源宣传建设(40分)	1.3.1 图书馆年均新书展览次数	20分
		1.3.2 年展览图书数量占总藏书比例	20分
	1.4 流动图书馆建设(70分)	1.4.1 是否有流动图书馆	10分
		1.4.2 流动图书馆是否可以送书上门、送书下基层	40分
		1.4.3 是否有专为残疾人、病人等弱势群体专用的流动图书馆	20分

续表6-3

一级指标	二级指标	三级指标	分值
2. 社会参与（300分）	2.1 读者到馆（60分）	2.1.1 办理图书借阅证人数年增长率	10分
		2.1.2 读者到馆年增长率	30分
		2.1.3 年读者到馆人数占所在地区人口比例	20分
	2.2 读者借阅（40分）	2.2.1 读者图书资料外借量年增长率	40分
	2.3 网络参与（50分）	2.3.1 日均网站访问量	20分
		2.3.2 网站电子资源下载年增长率	30分
	2.4 社会捐赠（40分）	2.4.1 是否有社会捐赠	10分
		2.4.2 年接受社会捐赠图书等信息资源占年纸质文献总量的比例	10分
		2.4.3 社会捐赠行为增长率	20分
	2.5 志愿者参与(50分)	2.5.1 是否有志愿者参与	20分
		2.5.2 年志愿者工作时间占图书馆流通部门全体馆员工作时间的比例	30分
	2.6 媒体参与（30分）	2.6.1 年参与图书馆宣传活动的媒体机构数量占所在地区媒体机构总量的比例	30分
	2.7 意见或建议方式参与(30分)	2.7.1 是否有公众对图书馆提出意见或发展建议和信息反馈的专门途径	30分
3. 实施机制（200分）	3.1 馆员素质（60分）	3.1.1 拥有本科以上学历的馆员占全部馆员的比例	30分
		3.1.2 是否开展馆员技能涉外培训学习	10分
		3.1.3 参加培训的馆员占全体馆员的比例	20分
	3.2 服务机制（60分）	3.2.1 是否有图书馆员考评机制	10分
		3.2.2 是否有明确的读者投诉响应机制	30分
		3.2.3 是否有明确的图书馆各个部门人员岗位说明书	20分
	3.3 参与法律建设(30分)	3.3.1 图书馆是否有明确的参加与图书馆相关的法律法规建设的机制	30分
	3.4 服务质量（50分）		50分

续表6-3

一级指标	二级指标	三级指标	分值
4. 读者评价（150分）	4.1 年千人读者投诉率(40分)		40分
	4.2 年千人读者感谢率(10分)		10分
	4.3 读者满意度(100分)		100分
5.经费投入（100分）	5.1 经费预算年增长率(40分)		40分
	5.2 正式读者年人均预算经费(40分)		40分
	5.3 馆员培训经费投入(20分)	5.3.1 馆员培训经费预算占总经费预算的比例	20分

第四节　公共图书馆组织文化诊断模型

一、组织文化诊断概述

　　组织文化是指某个机构组织的精神、内涵以及人员所形成的团体文化。图书馆作为社会中一个服务机构，也是一个特殊的社会组织，组织文化同样存在，且这一文化的形成与公共图书馆的持续发展历程相关联。图书馆组织文化是指集图书馆整体人员的思想文化、专业素质、行为规范和价值观的一种融合文化，被图书馆成员所普遍接受。作为一种特殊的社会组织结构，图书馆与普遍组织的区别在于其服务对象、规范制度和内部人员结构的不同，且具备公益性的特征。图书馆组织文化的产生实际源于以下几个方面：一是社会大环境与公共图书馆之间的交互与融合，促使图书馆组织文化的形成,包括传统民族文化、社会文化、外来文化和企业文化等;二是公共图书馆组织内部环境的不断发展促进了组织文化的产生,其中内部环境是指馆舍建筑、人员结构、规范制度、建设环境以及战略部署等;三是图书馆员自身的文化涵养也是组成图书馆组织文化的特殊部分,具体包括图书馆员的个人素质、领导能力、专业技能、思想行为以及文化内涵等方面。

此外,组织文化的不同也区分了一般图书馆与公共图书馆之间的差异,主要包括人员结构和馆舍构建。由于组织文化的产生有利于内部管理和促进组织外部发展,因此图书馆组织文化也对提升组织管理效率和管理水平有益。同时,对图书馆组织文化概念的分析与运用有利于图书馆在组织文化诊断中对各种关系进行定位。综上所述,在分析与理解图书馆组织文化时进行组织文化诊断概念的界定、内涵的确定以及向外延伸是必不可少的。

(一) 内涵

1.图书馆组织文化诊断不仅是一个检验过程,而且是一个对其内涵的认知过程

进行这一过程的具体方式是对图书馆进行调查与理解,调查内容包括组织结构、人员组成和文化内涵等文化状态。由于传统图书馆在历史发展过程中并没有把注意力放在组织文化上,而仅仅关注文献资源以及文化的保存率,但在现代图书馆出现组织文化之后,图书馆研究人员对图书馆组织文化进行了系统的研究和诊断,并得出了组织文化的概念。这就表明了对组织文化系统性的了解就是对图书馆组织文化的一种认知过程,在人们了解和利用组织文化特征的过程中发挥了重要作用。

2.图书馆组织文化的诊断重点是诊断其内部条件,即一个对组织文化内部条件的研究过程

首先,要理解组织文化并不仅仅是一个结构所蕴含的文化,还包含了组织人员的特征以及内部环境等部分,与图书馆内部多方面都联系密切,具备多样性和复杂性。其次,对组织文化的研究就是对组织内部文化资源进行概括性分析、分类和管理的过程。因此,对图书馆组织文化的诊断过程,实质上就是发现组织中的缺陷并及时解决和完善的过程。

3.图书馆组织文化诊断的目的是实现组织管理目的,也是一个实施管

理并监控的分析过程

此外,持续监控组织文化现状这一实践过程,不仅可以为图书馆后续对组织文化的变革提供依据,而且还可以预测图书馆组织文化的进一步发展。因此,图书馆组织文化诊断是组织文化不断适应社会的重要途径之一。

从以上论述可以明显看出,图书馆组织文化诊断对图书馆组织文化现状的监控,并促进图书馆文化健康发展的良好做法,具有预防或治疗作用。

(二)类型

根据图书馆组织文化诊断的不同形式,可以分为多种类型,主要从四个方面进行划分,包括:主体、对象、内容和时间。在具体的诊断过程中,可以根据需要做出适当的判断。

1.按照诊断主体划分

诊断主体是指诊断活动的执行者。根据执行者的不同,诊断主体一般可分为自诊断和外诊断两类。参照这种划分方法并结合公共图书馆的实际情况,对诊断主体的划分如图6-2所示。

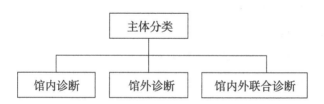

图6-2　按主体划分的图书馆组织文化诊断类型

图书馆内诊断是对公共图书馆员工作组的图书馆组织文化的独立诊断,使图书馆员可以更好地了解组织的基础知识,并熟悉图书馆的历史和当前状态,从而使他们能够快速发现图书馆中的问题和不足。由于图书馆员的地位有限,诊断结果可能出现偏差,不能客观反映图书馆组织文化中存在的问题。

图书馆外诊断则是由公共图书馆外专家进行的。这些专家可以是该领域具有广泛知识的学者,也可以是专门研究组织文化的公司员工。由于外部专家不属于图书馆,可以客观评估图书馆的工作,因而可以利用外部专家的智慧和经验来改善文化状况。而图书馆内外的全面诊断是指诊断过程既不是完全依赖外部专家的力量,也不是完全依赖参与诊断过程的图书馆员的参与,即只有将馆员的组织知识、专家的经验和智慧相结合才能完成诊断任务。

2. 按照图书馆等级划分

按照公共图书馆的隶属等级划分图书馆组织文化诊断类型,如图6-3所示。

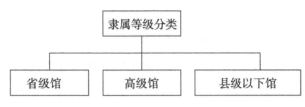

图6-3 按隶属等级划分的图书馆组织文化诊断类型

图书馆隶属级别的不同在一定程度上会与其规模大小、投入程度和人员结构等有关。因此,针对不同级别的图书馆进行组织文化诊断前应提前做好准备和预先判断。

3. 按诊断内容划分

图书馆组织文化诊断还可以按照诊断内容的一般性和特殊性来划分诊断类型,如图6-4所示。

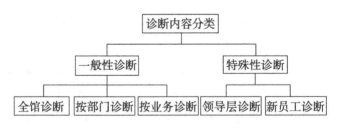

图6-4 按诊断内容划分的图书馆组织文化诊断类型

一般性诊断又称常规诊断,是指对图书馆组织文化整体状况的诊断,通常包括对整个图书馆的综合诊断、对某一部门的诊断和对某一具体业务的特殊诊断;特殊性诊断则是指对特殊群体组织文化的诊断,一般侧重于领导层和新图书馆员。

4.按诊断时间划分

根据诊断的时间间隔,可分为短期诊断、中期诊断和长期诊断。短期诊断可以每周进行,并快速发现组织文化问题并提出解决方案;中期诊断可以每周对图书馆的组织文化进行诊断,但耗时费力;长期诊断可以是对组织文化的一次详细而全面的调查。对图书馆来说长期诊断更为合适,因为组织文化不适合频繁变化。然而,在具体操作中可根据具体需要选择不同的诊断周期,从而达到最佳效果。

二、图书馆组织文化诊断的主体、过程和内容

图书馆组织文化的诊断有多种类型,无论哪种诊断,都是按照一定的过程完成的。

(一)主体

诊断主体是指诊断行为人,即参与图书馆文化诊断活动的个人、组织或机构。如果是图书馆诊断,主要参与者是图书馆成员,包括图书馆领导和工作人员。如果聘请了外部专家或咨询机构进行组织文化诊断,那么图书馆员、专家和咨询机构工作人员等就是主要的参与者。

1.图书馆员

图书馆员是组织文化诊断的重要组成部分,分为图书馆职工和领导者。当无法聘请外部专家或咨询机构时,图书馆员将成为整个诊断的主导力量,在聘请外部专家或咨询机构的情况下,图书馆员的合作与协助也非常重要。因此,在诊断过程中,应特别注意图书馆的先进工作者、劳动之星和先进学者等模范人才的参与。

图书馆领导者,包括中上层领导者,对图书馆组织文化的诊断影响最大,这是因为整个诊断的目标和方向都在决策人的控制下,是所有诊断活动的关键人物。因此,了解图书馆领导者思维的动态非常重要。

2.专家

专家是参与组织文化诊断的外部人员,可能是高校学者或实践领域的专业人员。专家扮演外部智囊团的角色,可以用自己的知识、方法和技能来

客观评价组织文化状况。

3.咨询机构的员工

此外,公司通常聘请咨询组织来诊断组织文化。虽然在一些非营利组织中可以找到它,但在图书馆行业中相对罕见。一方面,专业咨询机构对图书馆了解甚少;另一方面,我国图书馆服务专业管理咨询机构相对较少。通常,诊断活动涉及两种类型的咨询机构成员:第一种类型是诊断专家,专门从事诊断工作并执行类似专家的咨询工作;第二种类型是为诊断人员提供咨询和交易工作的助理,主要从事辅助工作。

(二)过程

组织文化诊断有三个基本过程:诊断前准备、诊断实施和诊断评估。诊断过程的安排是一项重要任务,与整个项目的顺利实施有关。

图书馆组织文化诊断过程是一个动态且可调整的过程。虽然没有统一的标准,但应根据被诊断者的具体需要而确定。基于这三个基本过程,结合公共图书馆的特点,提出了图书馆组织文化诊断的基本过程,包括诊断的启动、实施和完成,如图6-5所示。

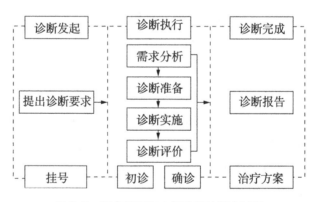

图6-5　图书馆组织文化诊断的基本过程

图书馆组织文化诊断的基本过程始于图书馆负责人的诊断需求,通过相关人员(可能组成工作组)分析诊断需求,然后进入诊断准备、实施和评估阶段。最后,根据评估结果编写组织文化诊断报告,并根据已识别的组织文化问题提出改进建议。

（三）内容

图书馆组织文化是一个复杂的系统,其诊断内容体系涉及多个方面。然而,公共图书馆的组织文化是从一定历史积淀中逐渐演变而来的。因此,本书从组织文化演进的角度和历史、现状以未来演进路径的角度,提出了图书馆组织文化诊断的内容体系框架,如图6-6所示。

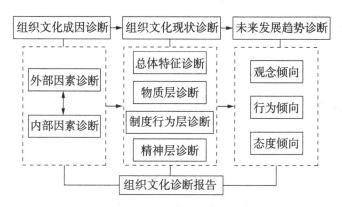

图6-6 图书馆组织文化诊断的内容体系框架

1.图书馆组织文化成因诊断

图书馆组织文化的形成与其历史发展密切相关,是在历史的积累和沉淀下逐渐形成。其中,促进组织文化形成的主要因素有两个:外部因素和内部因素。外部因素与政治、经济、文化环境、区域文化环境和公共图书馆的工业文化环境有关;内部因素与图书馆的文化趋势以及图书馆重大事件的影响有关。因此,在组织文化诊断中,有必要探讨形成组织文化的历史原因。

2.图书馆组织文化现状诊断

对图书馆组织文化现状的调查主要是根据一般特征、物质文化、制度行为水平和精神水平等方面进行的。在诊断一般特征时,应注意代表一般特征的变量,例如组织文化的类型、阶段和特征;而物质水平的诊断是对图书馆组织文化外部的研究,包括视觉识别、工作环境、服务水平以及标识等;制度行为水平的诊断是对公共图书馆系统及其派生行为的研究,包括工作系统、责任系统和安全系统,以及个人、团体和组织行为;精神水平的诊断是对图书馆组织文化的深刻发掘,涉及对管理思想、业务思想和系统思想的分析。

3.图书馆组织文化未来发展预期

诊断的目的是找出当前存在的问题,为今后的文化变迁提供依据,表明在诊断过程中对未来发展趋势进行预测是图书馆组织文化诊断的重要内容。在诊断中,需要根据图书馆员的观念、行为和态度等信息,分析组织文化未来的发展趋势,最终反映在组织文化诊断报告中,为图书馆组织文化未来的建设和发展提供建议。

三、我国公共图书馆组织文化诊断的策略

组织文化就像公共图书馆馆员个性的结合体,可以在员工自身基础下塑造公共图书馆的形象,提高人们对图书馆组织的支持意识,并减少图书馆员的流失。同时,由于组织文化作为意识形态的一种,对图书馆员的行为具有微妙的影响。因此,有必要通过图书馆领导者和员工的结合,建立起具有鲜明特色的公共图书馆组织文化。同时,我们必须努力促进平等、开放、透明和友好的人际关系,使馆员和图书馆相互依存和相互促进,并给予员工情感和理性的尊重,以促进价值观的建设。由于组织道德风气深深植根于每个人的心中,营造了一种可见、可听和有形关系的文化形象的意识氛围,因此这有利于提高公共图书馆的吸引力和凝聚力。

此外,组织文化必须立足于机构本身的发展,而不是盲目跟风。其中,公共图书馆组织文化的诊断是发展组织文化的有效途径,该诊断结果可为图书馆组织文献的建设提供科学依据和判断标准。下面具体提出公共图书馆组织文化的运作机制和相应的策略,并提出一些对公共图书馆组织文化诊断的实用建议。

(一)图书馆组织文化诊断的运行机制及应对策略

鉴于组织文化是个人与组织、社会共同交互的结果,因而提出了公共图书馆组织文化诊断的运行机制,如图6-7所示。

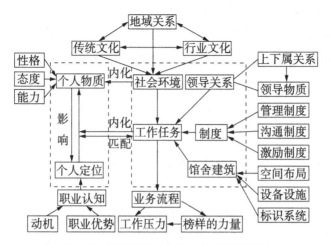

图6-7　图书馆员对组织文化的运行机制

在个体、图书馆和社会的文化互动过程中,存在着两种组织文化运行机制:一种是馆员个体内化机制;另一种是图书馆员文化匹配机制。

1.图书馆员个体内化机制

(1)公共图书馆组织文化的内部化。组织文化与图书馆员之间的互动是一个内部过程,也是组织文化渗透到图书馆员思想和行动的过程。例如,当图书馆员思考公共图书馆服务的概念时,许多人会想到"用户至上"。这个概念就是在图书馆的发展过程中,逐渐渗透入图书馆员的思想和行动,是典型的个人内在化。一方面,这个过程非常漫长,因为只有不断积累图书馆活动的经验才会影响个人的个性、态度和能力;另一方面,在个人内在化的过程中,它起着个人文化与社会文化之间的中介作用,可以对组织文化产生直接影响。

(2)应对策略。对于组织文化的个体内部化,图书馆必须正确处理这两种关系。第一,组织文化与社会文化之间的关系。图书馆需要在图书馆员中积极推广特殊的传统文化,以便人们可以内化这些特殊的社会文化;第二,管理组织文化与员工文化之间的关系。只有在组织文化和员工文化达到一致的水平时,员工才能了解组织文化并提高其文化含义,加速整合公司文化和员工文化的过程,从而促进组织文化的个体内部化。

2. 图书馆员与组织文化的匹配机制

（1）个人—文化匹配的概念。匹配这一概念一直受到心理学家和组织行为学家的重视。Kanunon 等人提出文化匹配的概念，强调社会文化环境对内部工作文化和人力资源管理的影响。其中，个人—文化匹配（Person - culturefit）可以被看作是个人在工作的环境中个人与组织的兼容程度，其理论研究有两种基本的假设前提：一是个人工作经验对他们的行为有重要影响；二是不同的组织吸引和保持不同类型的人才，主要取决于个人与组织目标、价值观和需求的契合与匹配。

（2）个人—文化匹配的特征。公共图书馆组织中存在着个体文化匹配现象，这种现象既可能是积极的，也可能是消极的。此外，个人特征与组织文化的正匹配，在很大程度上意味着个人与组织的互动将取得令人满意的结果。相反，个人特征与组织文化的反向匹配则意味着个人会消耗大量的经验，因而需要通过不断的自我调整来选择适应环境。

（3）应对策略。个人—文化匹配（Person - culturefit）对于公共图书馆管理而言具有重要意义。正匹配和激励可以提高员工的积极性；相应的，负匹配只有通过岗位调整、培训等措施才能加以改善。此外，个人文化匹配有利于图书馆人力资源管理，即可以在人才招聘过程中避免逆向匹配，以选择适合公共图书馆组织的人才。

（二）图书馆组织文化诊断的导入时机及应对策略

图书馆组织文化是图书馆组织能力、组织模式和组织形式之间的持续互动。由于公共图书馆的内外部环境在不断变化，相应的图书馆组织文化也在不断变化，并在应对形势变化的过程中经历不同的发展阶段，表明有必要考虑哪个阶段适合组织文化的诊断，以及每个阶段的重点和目标。

1. 图书馆组织成长的生命周期

从生命周期理论的角度来看，组织的发展将经历初始阶段、成长阶段、成熟阶段和衰退阶段，此生命周期对于公共图书馆也适用。从生命周期中的重要拐点来看，可以将其大致分为图书馆的新建阶段、过渡时期和正常发展时期。

（1）新建阶段。图书馆新建阶段是公共图书馆的诞生阶段，这一阶段的组织文化是强大而盲目的,主要受领导者的影响,表明图书馆领导者的价值体系直接影响着图书馆领导者的组织文化。另外,它与图书馆时代的环境密切相关。以山东省图书馆为例,图书馆建设初期受时代和当时图书馆领导者的个人思想的影响,提出了维护民族精神,争强夺利的组织精神,具有鲜明的特色性、时代性。

(2)过渡阶段。当公共图书馆正在进行社会转型,大规模扩展空间和服务转型,或与周围的其他公共图书馆整合时,这一时期的公共图书馆可被视为处于转型过渡期。过渡时期的组织文化也是文化变革的重要时期,只有通过适当的文化调整,才能保证图书馆组织的效率和发展。

(3)正常发展阶段。正常发展阶段是公共图书馆组织的稳定发展阶段。目前,新建图书馆中的公共图书馆并不多见,合并和整合的公共图书馆也不多。虽然大多数公共图书馆都处于正常发展状态,并且图书馆组织文化相对稳定,但还是需要定期进行诊断以了解组织文化的状态。

2.图书馆组织文化的导入时机

从生命周期的角度来看,公共图书馆新建阶段的组织文化并没有随着时间而流逝,而是与领导者主导的文化重叠,不适合组织文化的诊断。相比之下,转型和正常发展中的公共图书馆更适合于组织文化的诊断。经过一段时间的沉淀后,通过对组织文化的诊断,可以确定组织文化的发展方向,使组织文化更具竞争力。在成熟期,图书馆的组织文化已经趋于稳定,但长期稳定会带来很多问题,这一时期的组织文化诊断可以作为组织文化变革的前兆,还可以诊断组织文化并为图书馆重要的变革(例如合并和图书馆扩展)做好准备。

3.各个阶段的诊断重点与目标

(1)新建阶段组织文化诊断的重点和目标。在新图书馆建设过程中对组织文化的诊断应着重于分析图书馆领导者的价值观和社会环境。第一,调查新图书馆的领导地位,并充分了解其价值;第二,对图书馆的外部环境进行深入研究,了解当前的社会文化和行业的优秀文化,并将其与新图书馆的组织文化整合;第三,做好图书馆员调查工作,了解图书馆员的价值观和对组织未来的期望,使新图书馆的组织文化能够与图书馆员的价值观相匹配,促进图书馆员的发展。

(2)过渡时期组织文化诊断的方法和目标。在过渡时期,公共图书馆处于动荡状态,该组织面临许多严重的问题,可能导致文化合并和整合。在此期间,组织文化的诊断是一项艰巨的任务,其诊断重点和目标通常集中在组织文化变化的问题上。此外,学科文化与亚文化,图书馆文化和另一种图书馆文化的融合也常常存在问题。

(3)正常发展时期诊断组织文化的方法和目标。对于处于正常发展时期的公共图书馆,其组织文化相对稳定,因此可以作为日常工作来对图书馆文化进行年度、定期或随机诊断。

(三)图书馆组织文化诊断的关键要素及应对策略

诊断公共图书馆组织文化的核心要素是诊断公共图书馆组织文化的必要条件,要做好诊断公共图书馆组织文化的工作,必须确定以下关键要素。

1.合理的人员安排

人才是诊断公共图书馆组织文化的重要保证。合理的员工可以保证组织文化诊断的有效实施。为了使整个公共图书馆都能进行文化诊断,应该建立一个部门间工作组来协助进行诊断。此外,由于公共图书馆员对组织文化的了解很少,团队成员应接受事先培训,以了解诊断组织文化的目的、意义和价值。

2.科学过程的设计

诊断公共图书馆组织文化的目的是了解现有组织文化的现状,并为组织文化的建立与发展奠定基础,并且公共图书馆的组织文化诊断过程非常重要,因而科学过程的设计是关键。首先,我们必须为组织文化的诊断做准备,着手编写组织文化诊断计划,并在图书馆领导的批准下成立工作组。其次,必须根据目标库的需求来设计整个过程,并通过不断沟通来完善特定的内容。

3.严格的方法选择

对公共图书馆组织文化的诊断是一个研究过程,必须严格选择研究方法,如使用定性和定量方法。例如,为了诊断资金充足且有效应对相对复杂的大型公共图书馆组织文化,建议使用定性和定量结合的方法。

4. 诊断报告易于阅读和理解

诊断报告是对公共图书馆组织进行文化诊断的结果,是图书馆领导者决策建议的书面材料。诊断报告应易于阅读和理解,可以使用图形和文本的组合来避免使用的学术语言刻板。此外,诊断报告在上交后应由工作组讨论和审查,并在工作组内预先报告,然后提供给图书馆负责人以供决策参考。

5. 执行诊断结果

公共图书馆组织文化的诊断为公共图书馆组织文化的建设提供决策依据,因此,诊断结果的实施非常重要。一般而言,组织文化的构建必须经历组织文化的诊断、设计、实施和变更过程,因此,在诊断组织文化之前,必须提前制订下一个计划以实施组织文化,只有这样才能得出符合图书馆自身组织文化的诊断结果。

参考文献

[1]曹国凤.基于项目管理的高校图书馆服务创新[J].图书馆建设,2014
(12):76-79.

[2]曹晓璐.儒家思想对图书馆管理的启示[J].内蒙古科技与经济,2018
(14):116-117.

[3]陈馨梅.我国高校图书馆的文化价值实现研究[D].哈尔滨:哈尔滨理工
大学,2014.

[4]邓胤龙,赵维平.高校图书馆文化建设研究[J].衡阳师范学院学报,
2012,33(04):147-149.

[5]范兴坤.当前我国公共图书馆事业政策建设思路研究[J].国家图书馆学
刊,2017,26(01):3-13.

[6]郭辰.孔子儒家思想视阈下图书馆文化建设新探[J].理论界,2011(10):
141-142.

[7]郭沫含.儒家思想与图书馆文化建设研究[D].长春:吉林大学,2013.

[8]柯平,张文亮,唐承秀.国内外图书馆文化研究述评[J].图书情报工作,
2013,57(24):5-15.

[9]柯平,朱明,闫娜.国外图书馆管理研究述评[J].中国图书馆学报,2013,
39(05):83-97.

[10]李燕.项目管理在公共图书馆的应用:以广州图书馆迎评估项目为例
[J].图书情报工作,2015,59(S2):14-17.

[11]李雨函.高校图书馆参与校园文化建设研究[D].郑州:郑州大学,2014.

[12]刘磊,王浩.基于儒家思想的图书馆核心价值及实现途径[J].图书馆,
2011(01):17-19.

[13] 刘艳苏. 图书馆文化建设研究:特点与方向[J]. 新世纪图书馆,2011 (08):26-28.

[14] 刘用. 当代中国图书馆文化哲学研究[D]. 成都:四川省社会科学院, 2016.

[15] 庞建民. 项目管理在公共图书馆阅读推广中的应用研究[J]. 图书馆研究,2017,47(03):37-44.

[16] 史明明. 公共图书馆在公共文化服务体系构建中的作用[D]. 湘潭:湘潭大学,2011.

[17] 王衍. 公共图书馆公共文化服务均等化建设现状与路径探索[D]. 济南:山东大学,2013.

[18] 王燕飞. 儒家"礼"与图书馆文化[J]. 辽宁行政学院学报,2008(11):207-208.

[19] 王振环. 文化发展建设背景下图书馆文化建设的相关研究[J]. 文化创新比较研究,2017(24):95,97.

[20] 谢碧瑜. 公共图书馆城乡一体化服务体系建设研究:以广州公共图书馆建设实践为例[J]. 图书馆论坛,2009,29(05):20-23.

[21] 姚国章,余星,项惠惠. 智慧图书馆的总体设计与应用系统建设研究[J]. 南京邮电大学学报(自然科学版),2016,36(02):18-28.

[22] 张丽,贾伟. 儒家思想与图书馆人文精神[J]. 图书馆学刊,2006(03):23-24.

[23] 张文亮. 我国公共图书馆组织文化诊断研究[D]. 天津:南开大学,2014.

[24] 张新兴. 公共图书馆服务体系的信息资源建设模式研究[D]. 武汉:武汉大学,2012.

[25] 张雨峰. 图书馆文化建设研究[D]. 哈尔滨:黑龙江大学,2016.

[26] 赵冰,谷秀洁,杨玉麟. 图书馆项目管理研究述评[J]. 图书馆论坛,2017,37(02):47-55.

[27] 周萍. 我国公共图书馆总分馆建设模式研究[D]. 南京:南京大学,2015.